한자능력검정시험

급수한자
따라잡기

8-4급

한자능력검정시험

급수한자 따라잡기

8-4급

편집부 편

매일출판

머리말

우리말의 70%가 한자인 현실에서 이제 한자는 한글 세대에게도 필수적인 글자가 되었다.

우리의 생활 환경 속에는 한자어로 표기된 문서나 출판물들이 너무나 많고, 글을 이해하고 표현하는 데에 한자가 없이는 그 뜻이 분명치 않은 것은 어쩔 수 없는 사실이다. 이 말은 다시 말해서 한자를 모르면 우리말을 제대로 표현할 수 없다는 얘기다.

이 책은 한자를 배우고자 하는 사람들이나, 한자능력검정 및 각종 시험에 응시하는 사람들을 위해 펴낸 것으로, 보다 효율적이고 활용적으로 공부할 수 있게 만들었다.

이 책의 특장점은 다음과 같다.

첫째, 한자를 공부하는 데 꼭 필요한 중요 부수 220자를 익히도록 했고, 한자를 각 급수별로 구분해서 수록했다.
둘째, 가나다순으로 한자를 배열하여 알기 쉽게 했다.
셋째, 각 한자별로 필순(쓰는 순서)을 곁들여 익히도록 했다.
넷째, 부록에 유의어, 반의어, 상대어, 동의어, 동음이의어 등을 수록하여 자의(字義) 및 어의(語義)의 변화를 공부할 수 있도록 했다.

차 례

1장 중요부수 220자 --------- 9
2장 8급 배정한자 ---------- 19
3장 7급 배정한자 ---------- 33
4장 6급 배정한자 ---------- 59
5장 5급 배정한자 ---------- 99
6장 4급Ⅱ 배정한자 -------- 151
7장 4급 배정한자 ---------- 215

부록 자의(字義) 및 어의(語義)의 변화 -- 279

1장
중요부수 220자

1획

一 한 일
한 획으로 가로그어 '하나'를 뜻함.

丨 뚫을 곤
위아래를 뚫어 사물의 통함을 뜻함.

丶 점, 심지 주
등불의 불꽃 모양을 본뜬 글자.

丿 삐침 별
왼쪽으로 구부러지는 모양을 나타냄.

乙(乚) 새 을
날아 오르는 새의 모양을 본뜬 글자.

亅 갈고리 궐
아래 끝이 굽어진 갈고리 모양의 글자.

2획

二 두 이
가로 그은 획이 두 개니 '둘'을 뜻함.

亠 머리 해
특별한 뜻 없이 亥의 머리 부분을 따옴.

人(亻) 사람 인
사람이 팔을 뻗친 옆 모습을 나타냄.

儿 어진 사람 인
사람의 두 다리 모양을 나타낸 글자.

入 들 입
하나의 줄기에서 갈라진 뿌리가 땅 속으로 뻗어 가는 모양의 글자.

八 여덟 팔
나누어져 등지는 모양을 나타냄.

冂 멀 경
경계 밖의 먼 곳으로 길이 잇닿아 있는 모양을 나타낸 글자.

冖 덮을 멱
보자기로 덮인 것 같은 모양의 글자.

冫 얼음 빙
얼음이 얼 때 생기는 결을 나타냄.

几 안석 궤
걸상의 모양을 나타낸 글자.

凵 입벌릴 감
물건을 담는 그릇이나 상자를 나타냄.

刀(刂) 칼 도
날이 굽어진 칼 모양의 글자.

力 힘 력
힘 준 팔에 근육이 불거진 모양의 글자.

勹 쌀 포
몸을 굽혀 품에 감싸 안는 모양의 글자.

匕 비수 비
앉은 이에게 칼을 들이댄 모양의 글자.

匚 상자 방
네모난 상자를 본뜬 글자.

匸 감출 혜
위는 덮어진 모양이고, 감춘 모양으로 '감추다'는 뜻을 나타냄.

十 열 십
동, 서, 남, 북이 서로 엇갈려 모두를 갖추었음을 나타낸 글자.

卜 점 복
거북의 등에 나타난 선 모양의 글자.

卩(㔾) 병부 절
병부(兵符)를 반으로 나눈 모양의 글자.

厂 언덕 엄
언덕을 덮은 바위 모양을 나타냄.

厶 마늘 모
늘어 놓은 마늘 모양의 글자.

又 또 우
팔과 손을 움직이는 모양을 나타냄.

3획

口 입 구
사람의 입 모양을 본뜬 글자.

囗 에워쌀 위
사방을 빙 둘러싼 모양의 글자.

土 흙 토
위의 '一'은 땅 표면을, 아래의 '一'은 땅 속을 뜻해 땅에서 싹이 나는 모양의 글자.

士 선비 사
선비는 '一'에서 '十'까지 잘 알아야 맡은 일을 능히 해낸다는 뜻의 글자.

夂 뒤져올 치
뒤져 온다는 뜻으로, 왼쪽을 향한 두획은 두 다리를, 오른쪽을 향한 획은 뒤 따라 오는 사람의 다리를 의미함.

夊 천천히걸을 쇠
오른쪽을 향한 획은 지팡이 같은 것에 끌려 더딘 걸음을 나타낸 글자.

夕 저녁 석
'月'에서 한 획이 빠져 빛이 약해진 것을 뜻하여 어두운 저녁을 나타낸 글자.

大 큰 대
사람이 손발을 크고 길게 벌리고 서 있는 것을 나타낸 글자.

女 계집 녀
여자가 얌전하게 앉아 있는 모양의 글자.

子 아들 자
두 팔을 편 어린아이의 모습을 본뜬 글자.

宀 집 면
지붕이 씌어져 있는 모양의 글자.

寸 마디 촌
손 마디의 거리를 나타낸 글자.

小 작을 소
작은 것을 둘로 나누는 모양의 글자.

尢(尣) 절름발이 왕
한 쪽 다리가 굽은 사람을 본뜬 글자.

尸 주검 시
누워 있는 사람의 모습을 본뜬 글자.

屮 풀 철
싹이 돋아나는 것을 본뜬 글자.

山 메 산
산의 모양을 본뜬 글자.

川(巛) 내 천
물이 굽이쳐 흐르는 모양의 글자.

工 장인 공
연장을 든 사람을 나타낸 글자.

己 몸 기
몸을 구부린 사람을 나타낸 글자.

巾 수건 건
사물을 덮은 수건의 두 끝이 아래로 향한 모양을 나타낸 글자.

干 방패 간
방패 모양을 본뜬 글자.

幺 작을 요
갓난아이의 모습을 본뜬 글자.

广 집 엄
언덕 위에 있는 지붕 모양의 글자.

廴 길게걸을 인
다리를 당겨 보폭을 넓게 해서 걷는 모양을 나타낸 글자.

廾 들 공
양 손을 모아 떠받드는 모양의 글자.

중요 부수 220자

弋 　주살 익
나뭇가지에 물건이 걸려 있는 모양을
나타낸 글자.

弓 　활 궁
활의 생김새를 나타낸 글자.

彐(彑) 돼지머리 계
위가 뾰족하고 머리가 큰 돼지 모양을
나타낸 글자이다.

彡 　터럭 삼
털을 빗질하여 놓은 모양을 나타낸 글자.

彳 　조금걸을 척
다리와 발로 걷는 것을 나타낸 글자.

4획

心(忄) 마음 심
사람의 심장 모양을 본뜬 글자.

戈 　창 과
긴 손잡이가 달린 갈고리 모양의 창을
나타낸 글자.

戶 　지게 호
한 쪽 문짝의 모양을 나타낸 글자.

手(扌) 손 수
펼친 손의 모양을 나타낸 글자.

支 　지탱할 지
나뭇가지를 손에 든 모양을 본뜬 글자.

攴(攵) 칠 복
손으로 무엇을 두드리는 모양의 글자.

文 　글월 문
무늬가 그려진 모양을 본뜬 글자.

斗 　말 두
용량을 헤아리는 말을 본뜬 글자이다.

斤 　도끼 근
자루가 달린 도끼로 물건을 자르는 모양.

方 　모 방
주위가 네모져 보여 '모나다'의 뜻이 됨.

无(旡) 없을 무
사람의 머리 위에 '一'을 더하여 머리가
보이지 않게 함.

日 　날 일
둥근 해 속에 흑점을 넣은 모양의 글자.

曰 　가로 왈
입(口)에서 김(一)이 나가는 모양의 글자.

月 　달 월
초승달 모양을 본뜬 글자.

木 　나무 목
나뭇가지에 뿌리가 뻗은 모양의 글자.

欠 　하품 흠
입을 벌려 하품하는 모양을 본뜬 글자.

止 　그칠 지
서 있는 사람의 발 모양을 본뜬 글자.

歹(歺) 죽을 사
죽은 사람의 뼈 모양을 본뜬 글자.

殳 　칠 수
몽둥이를 들고 있는 모양을 본뜬 글자.

毋 　말 무
'女'가 못된 짓을 못하게 함을 나타냄.

比 　견줄 비
두 사람이 나란히 서 있는 모양의 글자.

毛 　터럭 모
짐승의 털 모양을 본뜬 글자.

氏 　성 씨
뿌리가 지상에 뻗어 나와 퍼진 모양을
본뜬 글자로 성씨(姓氏)를 나타냄.

气 　기운 기
땅에서 아지랑이나 수증기 같은 기운이
위로 솟아오르는 모양을 본뜬 글자.

水 **물 수**
물이 흐르는 모양을 본뜬 글자.

火 **불 화**
타오르는 불꽃 모양을 본뜬 글자.

爪 **손톱 조**
물건을 집는 손톱 모양을 본뜬 글자.

父 **아비 부**
도끼를 든 남자의 손 모양을 본뜬 글자.

爻 **점괘 효**
점 칠 때 산가지 모양을 나타낸 글자.

爿 **널조각 장**
쪼갠 통나무 왼쪽 모양을 나타낸 글자.

片 **조각 편**
쪼갠 통나무 오른쪽 모양을 나타낸 글자.

牙 **어금니 아**
어금니가 맞물린 모양을 본뜬 글자.

牛 **소 우**
소의 모양을 본뜬 글자.

犬 **개 견**
개의 옆 모습을 본뜬 글자.

5획

玄 **검을 현**
위는 '덮는다'는 뜻이고, 아래는 '멀다'는 뜻으로 검거나 아득함을 나타냄.

玉 **구슬 옥**
'王'에 한 점을 더하여 높고 귀한 임금의 심성을 나타낸 글자.

瓜 **오이 과**
좌우로 나뉘어 있는 부분은 '오이의 덩굴' 모양을 나타내고, 안에 있는 부분은 '오이의 열매'를 뜻함.

瓦 **기와 와**
덩굴에 달린 오이 모양을 본뜬 글자.

甘 **달 감**
입 속에서 단 맛을 느끼는 모양의 글자.

生 **날 생**
싹이 땅을 뚫고 나오는 모양의 글자.

用 **쓸 용**
'복(卜)'과 '중(中)'을 합해서 된 글자.

田 **밭 전**
밭과 밭 사이의 길 모양을 본뜬 글자.

疋 **발 소, 짝 필**
발목에서 발끝까지의 모양을 본뜬 글자.

疒 **병질 엄**
병든 사람의 기댄 모습을 나타낸 글자.

癶 **필 발**
두 발을 벌린 사람을 나타낸 글자.

白 **흰 백**
아침 해가 떠오르는 모양을 본뜬 글자.

皮 **가죽 피**
짐승 가죽을 벗기는 모양을 본뜬 글자.

皿 **그릇 명**
받침대가 있는 그릇 모양을 본뜬 글자.

目 **눈 목**
사람의 눈 모양을 본뜬 글자.

矛 **창 모**
장식이 꽂히고 긴 자루가 달린 창 모양을 본뜬 글자.

矢 **화살 시**
화살의 모양을 본뜬 글자.

石 **돌 석**
언덕 아래로 굴러 떨어진 돌덩이 모양을 나타낸 글자.

중요 부수 220자

示(礻) **보일 시**
제단의 모양을 본떠 뵈오다 보이다의 뜻.

内 **짐승발자국 유**
짐승의 발자국 모양을 본뜬 글자.

禾 **벼 화**
벼 이삭이 드리워진 모양을 본뜬 글자.

穴 **구멍 혈**
구멍을 뚫고 지은 집 모양을 본뜬 글자.

立 **설 립**
땅 위에 서 있는 사람을 나타낸 글자.

6획

竹 **대 죽**
대나무 가지에 늘어진 잎을 나타낸 글자.

米 **쌀 미**
벼 이삭의 모양을 본뜬 글자.

糸 **실 사**
실타래 모양을 본뜬 글자.

缶 **장군 부**
질그릇(장군)의 모양을 본뜬 글자.

网(罒/冈) **그물 망**
그물코의 모양을 본뜬 글자.

羊(羊) **양 양**
양의 머리 모양을 본뜬 글자.

羽 **깃 우**
새의 양 날개나 깃털의 모양을 본뜬 글자.

老(耂) **늙을 노**
노인이 지팡이를 짚은 모습을 본뜬 글자.

而 **말이을 이**
입의 위아래에 수염이 나 있고 그 입으로 말하는 모양을 본뜬 글자.

耒 **쟁기 뢰**
나무로 만든 기구 모양을 본뜬 글자.

耳 **귀 이**
사람의 귀 모양을 본뜬 글자.

聿 **붓 율**
붓으로 획을 긋는 모양을 본뜬 글자.

肉(月) **고기 육**
잘라 놓은 고기덩이 모양을 본뜬 글자.

臣 **신하 신**
몸을 굽혀 엎드린 모양을 본뜬 글자.

自 **스스로 자**
사람의 코 모양을 본뜬 글자.

至 **이를 지**
새가 땅에 내려앉는 모양을 본뜬 글자.

臼 **절구 구**
곡식을 찧는 절구통 모양을 본뜬 글자.

舌 **혀 설**
입 안에 있는 혀의 모양을 본뜬 글자.

舛 **어그러질 천**
두 발이 서로 엇갈린 모양을 본뜬 글자.

舟 **배 주**
통나무 배의 모양을 본뜬 글자.

艮 **그칠 간**
눈 '目'과 비수 '匕' 두 글자가 합친 글자.

色 **빛 색**
'人'과 '巴' 두 글자가 합쳐진 글자.

艸(艹) **풀 초**
여기저기 나는 풀의 모양을 본뜬 글자.

虍 **범 호**
호랑이의 머리통과 몸통의 전체적인 모양을 본뜬 글자.

虫 　벌레 충
뱀이 도사리고 있는 모양을 본뜬 글자.

血 　피 혈
그릇에 담긴 피의 모양을 본뜬 글자.

行 　다닐 행
사람이 다니는 네 거리를 나타낸 글자.

衣(衤) 　옷 의
사람이 입는 옷 모양을 본뜬 글자.

襾 　덮을 아
그릇 위에 뚜껑을 덮은 모양을 본뜬 글자.

7획

見 　볼 견
눈(目)과 사람(人)을 합쳐 만든 글자.

角 　뿔 각
짐승의 뿔 모양을 본뜬 글자.

言 　말씀 언
혀를 내밀고 있는 모양을 본뜬 글자.

谷 　골 곡
산이 갈라진 골짜기 모양을 본뜬 글자.

豆 　콩 두
받침이 달린 나무 그릇 모양을 본뜬 글자.

豕 　돼지 시
돼지의 모양을 본뜬 글자.

豸 　벌레 치
먹이를 노려보는 짐승의 모양을 나타냄.

貝 　조개 패
껍질을 벌린 조개의 모양을 본뜬 글자.

赤 　붉을 적
'大'와 '火'가 합쳐진 글자로 불이 내는
붉은 빛을 의미하는 글자.

走 　달릴 주
'土'와 '足'이 합쳐 흙을 박찬다는 뜻.

足(𧾷) 　발 족
무릎에서 발가락까지의 모양을 나타냄.

身 　몸 신
아이를 밴 여자의 모양을 본뜬 글자.

車 　수레 거
바퀴 달린 수레 모양을 본뜬 글자.

辛 　매울 신
옛날에 죄수나 노예의 얼굴에 낙인을
하던 바늘의 모양을 본뜬 글자.

辰 　별 진
발을 내민 조개의 모양을 본뜬 글자.

辵(辶) 　갈 착
걷다, 멈추다, 천천히 간다는 뜻의 글자.

邑(阝) 　고을 읍
사람이 모여 사는 고을을 뜻하는 글자.

酉 　닭 유
술이 담긴 항아리의 모양을 본뜬 글자.

釆 　분별할 변
짐승의 발자국 모양을 본뜬 글자.

里 　마을 리
'田'과 '土'를 합친 글자로 마을을 뜻함.

8획

金 　쇠 금
땅 속의 빛나는 광석이라는 뜻의 글자.

長(镸) 　길 장
지팡이 짚은 수염 난 노인 모양의 글자.

門 　문 문
두 짝으로 된 문 모양의 글자.

阜(阝) 언덕 부
흙더미가 이룬 언덕 모양을 본뜬 글자.

隶 미칠 이
짐승 꼬리를 잡은 손의 모양을 본뜬 글자.

隹 새 추
꽁지가 짧은 새 모양을 본뜬 글자.

雨 비 우
떨어지는 물방울 모양을 본뜬 글자.

靑 푸를 청
'生'과 '井'을 합친 글자로 초목과 우물은 푸르다는 뜻.

非 아닐 비
새의 어긋난 날개 모양을 본뜬 글자.

9획

面 낯 면
얼굴의 전체적인 모양을 본뜬 글자.

革 가죽 혁
짐승 가죽을 벗겨 놓은 모양을 본뜬 글자.

韋 다룬가죽 위
털과 기름을 없애 다룬 가죽을 뜻함.

韭 부추 구
땅에서 자라는 부추의 모양을 본뜬 글자.

音 소리 음
말할 때 목젖이 울리는 모양의 글자.

頁 머리 혈
목에서 머리 끝까지의 모양을 본뜬 글자.

風 바람 풍
'凡' 안에 '虫'을 넣어 바람을 나타낸 글자.

飛 날 비
날개를 펴고 나는 새의 모양을 본뜬 글자.

食(飠) 밥 식
그릇에 뚜껑을 덮은 모양을 본뜬 글자.

首 머리 수
머리카락이 난 머리 모양을 본뜬 글자.

香 향기 향
'禾'와 '甘'을 합쳐서 향기를 뜻한 글자.

10획

馬 말 마
말의 생김새를 본뜬 글자.

骨 뼈 골
살을 발라낸 뼈의 생김새를 본뜬 글자.

高 높을 고
성 위에 솟은 누각의 모양을 본뜬 글자.

髟 긴머리털 표
긴 머리카락 모양을 나타낸 글자.

鬥 싸울 투
두 사람이 싸우는 모양을 본뜬 글자.

鬯 울창주 창
활집의 모양을 본뜬 글자.

鬲 솥 력
다리가 달린 솥의 모양을 본뜬 글자.

鬼 귀신 귀
머리 부분을 크게 강조해서 정상적인 사람이 아님을 나타낸 글자.

11획

魚 고기 어
물고기의 모양을 본뜬 글자.

鳥 새 조
새의 모양을 본뜬 글자.

鹵 **소금 로**
그릇에 소금이 담긴 모양을 본뜬 글자.

鹿 **사슴 록**
뿔 달린 사슴의 모양을 본뜬 글자.

麥 **보리 맥**
뿌리가 달린 보리의 모양을 본뜬 글자.

麻 **삼 마**
집에서 만드는 삼베를 뜻하는 글자.

12획

黃 **누를 황**
밭(田)의 빛깔(光)이 누르다는 뜻의 글자.

黍 **기장 서**
벼(禾)처럼 생겨 물에 담가 술을 빚는 곡식이라는 뜻의 글자.

黑 **검을 흑**
불을 때면 연기가 나면서 검게 그을린다는 뜻의 글자.

黹 **바느질할 치**
바늘로 수를 놓은 옷감 모양을 본뜬 글자.

13획

黽 **맹꽁이 맹**
개구리의 모양을 본뜬 글자.

鼎 **솥 정**
발 달린 솥의 모양을 본뜬 글자.

鼓 **북 고**
악기를 오른손으로 친다는 뜻의 글자.

鼠 **쥐 서**
쥐의 이빨과 네 발과 꼬리의 모양을 본뜬 글자.

14획

鼻 **코 비**
얼굴에 있는 코를 뜻하는 글자.

齊 **가지런할 제**
곡식의 이삭들이 가지런함을 뜻함.

15획

齒 **이 치**
위 아래로 이가 박혀 있는 모양의 글자.

16획

龍 **용 룡**
날아오르는 용의 모양을 본뜬 글자.

龜 **거북 귀**
거북의 모양을 본뜬 글자.

17획

龠 **피리 약**
여러 개의 구멍이 뚫린 피리의 모양을 본뜬 글자.

중요 부수 220자

2장
8급 배정한자

훈음 학교 교
단어 校舍(교사) : 학교의 건물.
校友(교우) : 학교에 같이 다니는 벗.
필순 十 木 木 ㅊ 校 校 校 校

木 부의 6획

校

훈음 가르칠 교
단어 敎授(교수) : 학문 또는 기예를 가르침. 대학교의 교원.
敎育(교육) : 가르쳐 기름. 가르쳐 지식을 줌.
필순 ノ ＋ ≠ ≠ 孝 教 教 教

攵 부의 7획

敎

훈음 아홉 구
단어 九曲肝臟(구곡간장) : 굽이굽이 사무치는 깊은 마음속.
九思(구사) : 아홉 가지 생각.
필순 ノ 九

乙 부의 1획

九

훈음 나라 국
단어 國家(국가) : 나라의 법적인 호칭.
國內(국내) : 나라 안.
필순 丨 冂 冋 同 或 國 國 國

口 부의 8획

國

軍 車부의 2획

- 훈음: 군사 군
- 단어:
  軍警(군경) : 군대와 경찰.
  軍備(군비) : 국방상의 군사 설비.
- 필순: 冖冖冖冐冐冒宣軍

金 金부의 0획

- 훈음: 쇠 금
- 단어:
  金髮(금발) : 황금색의 머리카락.
  金錢(금전) : 쇠붙이로 만든 돈.
- 필순: 丿 人 亽 合 仐 仐 金 金

南 十부의 7획

- 훈음: 남쪽 남
- 단어:
  南方(남방) : 남녘.
  南風(남풍) : 남쪽에서 불어오는 바람.
- 필순: 一 十 广 内 内 南 南 南

女 女부의 0획

- 훈음: 계집 녀
- 단어:
  女權(여권) : 여자의 법률상, 정치상, 사회상의 권리.
  女優(여우) : 여자 배우.
- 필순: く 夂 女

8급 배정한자

年
干부의 3획

훈음 해 년
단어 年內(연내) : 그 해 안. 올해 안.
年老(연로) : 나이가 많아 늙음.
필순 ノ ㇒ ㇒ 仁 丘 乍 年

大
大부의 0획

훈음 큰 대
단어 大家(대가) : 학문이나 기술에 뛰어난 훌륭한 사람.
大道(대도) : 큰 길.
필순 一 ナ 大

東
木부의 4획

훈음 동녘 동
단어 東邦(동방) : 동쪽에 있는 나라. 우리나라.
東向(동향) : 동쪽을 향함.
필순 一 ㇁ 戸 戸 百 車 東 東

六
八부의 2획

훈음 여섯 륙
단어 六甲(육갑) : 육십 갑자의 약칭.
六法(육법) : 여섯 가지 기본법.
필순 ㇔ 亠 宀 六

萬	훈음	일만 만
艸부의 9획	단어	萬物(만물) : 온갖 물건. 萬全(만전) : 아주 완전함.
	필순	艹 艹 芍 苕 莒 萬 萬 萬

母	훈음	어미 모
母부의 1획	단어	母國(모국) : 교포가 자기 본국을 이르는 말. 母親(모친) : 어머니.
	필순	ㄴ ㄩ ㄩ ㄩ 母

木	훈음	나무 목
木부의 0획	단어	木船(목선) : 나무로 만든 배. 木材(목재) : 나무로 된 재료. 재목.
	필순	一 十 才 木

門	훈음	문 문
門부의 0획	단어	門閥(문벌) : 대대로 내려온 가문. 門中(문중) : 가까운 친척.
	필순	丨 冂 冂 冃 冃 門 門 門

8급 배정한자

四
口부의 2획

훈음 넉 사
단어 四方(사방) : 동, 서, 남, 북의 네 방향. 주변 일대.
四邊(사변) : 사방의 변두리.
필순 丨 冂 冂 四 四

山
山부의 0획

훈음 뫼 산
단어 山林(산림) : 산에 있는 숲. 산과 숲.
山蔘(산삼) : 깊은 산에서 자란 삼.
필순 丨 凵 山

三
一부의 2획

훈음 석 삼
단어 三伏(삼복) : 초복, 중복, 말복을 이르는 말.
三尺(삼척) : 석 자.
필순 一 二 三

生
生부의 0획

훈음 날 생
단어 生計(생계) : 살아나갈 방도. 생활의 방법.
生物(생물) : 동식물의 총칭.
필순 丿 一 牛 牛 生

8급 배정한자

西 西 부의 0획	**훈음** 서녘 서 **단어** 西紀(서기) : 서력 기원의 약어. 西曆(서력) : 예수 탄생을 기원으로 한 서양의 책력. **필순** 一 ㄧ 一 一 西 西 西	
西		

先 儿 부의 4획	**훈음** 앞설 선 **단어** 先金(선금) : 치러야 할 돈의 일부를 미리 치르는 돈. 先頭(선두) : 첫머리. 앞장. **필순** ノ ㄧ 屮 生 牛 先	
先		

小 小 부의 0획	**훈음** 작을 소 **단어** 小數(소수) : 적은 수. 小心(소심) : 작은 마음. 조심성이 많음. 주의함. **필순** 亅 亅 小	
小		

水 水 부의 0획	**훈음** 물 수 **단어** 水量(수량) : 물의 분량. 水面(수면) : 물의 표면. **필순** 亅 丁 才 水	
水		

室

- **훈음**: 집 실
- **단어**: 室內(실내) : 방안. 남의 아내를 일컫는 말.
  溫室(온실) : 난방이 된 방.
- ⼧ 부의 6획
- **필순**: 丶 宀 宀 宊 宊 宍 室 室

十

- **훈음**: 열 십
- **단어**: 十分(십분) : 완전함. 부족함이 없음.
  十指(십지) : 열 손가락.
- 十 부의 0획
- **필순**: 一 十

五

- **훈음**: 다섯 오
- **단어**: 五穀(오곡) : 쌀, 보리, 조, 콩, 기장의 다섯 가지 곡식.
  五更(오경) : 상오 3시부터 5시까지.
- 二 부의 2획
- **필순**: 一 丆 五 五

王

- **훈음**: 임금 왕
- **단어**: 王家(왕가) : 임금의 집안. 왕실.
  王命(왕명) : 임금의 명령.
- 玉 부의 0획
- **필순**: 一 丅 干 王

8급 배정한자

一 一 부의 0획	**훈음** 한 일 **단어** 一角(일각) : 한 모퉁이. 一擧兩得(일거양득) : 한 가지 일로 두 가지 이익을 얻음. **필순** 一	

日 日부의 0획	**훈음** 날 일 **단어** 日間(일간) : 며칠 되지 않은 동안. 日光浴(일광욕) : 햇빛에 몸을 쬠. **필순** 丨 冂 日 日	

長 長 부의 0획	**훈음** 길 장 **단어** 會長(회장) : 회를 대표하고 총괄함. 長孫(장손) : 맏손자. **필순** 丨 厂 厂 F 丰 長 長 長	

弟 弓 부의 4획	**훈음** 아우 제 **단어** 弟妹(제매) : 남동생과 여동생. 弟兄(제형) : 아우와 형. **필순** 丶 丷 丷 ⺍ 弟 弟 弟	

8급 배정한자

土
土부의 0획

훈음 흙 토

단어
土俗(토속) : 그 지방의 특유한 풍속.
土種(토종) : 그 땅에서 나는 종자.

필순 一 十 土

土

八
八부의 0획

훈음 여덟 팔

단어
八景(팔경) : 여덟 가지의 아름다운 경치.
八字(팔자) : 사람의 평생 운수.

필순 丿 八

八

學
子부의 13획

훈음 배울 학

단어
學究(학구) : 학문을 깊이 연구함.
學力(학력) : 학문의 역량.

필순 𠄌 𦥑 𦥒 𦥓 𦥔 與 學 學

學

韓
韋부의 8획

훈음 나라 한

단어
韓服(한복) : 우리나라 고유의 옷.
韓人(한인) : 한국 사람.

필순 十 古 卓 卓' 卓⺅ 韩 韓 韓

韓

8급 배정한자

兄

儿부의 3획

- 훈음: 형 형
- 단어: 兄夫(형부) : 언니의 남편.
  兄弟(형제) : 형과 아우.
- 필순: 丿 丨 冂 口 尸 兄

火

火부의 0획

- 훈음: 불 화
- 단어: 火木(화목) : 땔나무.
  火災(화재) : 불이 나는 재앙.
- 필순: 丶 丶 丿 火

3장 7급 배정한자

훈음 집 가
단어 家系(가계) : 한 집안의 계통. 혈통.
家口(가구) : 가족. 또는 가족의 수.
宀부의 7획
필순 丶 宀 宀 宀 宇 宇 家 家 家

家

훈음 노래 가
단어 歌手(가수) : 노래 부르는 것을 업으로 삼는 사람.
歌謠(가요) : 민요, 동요, 속요, 유행가 등을 통틀어 이름.
欠부의 10획
필순 一 可 可 哥 哥 歌 歌 歌

歌

훈음 사이 간
단어 間隔(간격) : 서로 떨어져 있는 거리.
間接(간접) : 중간에 매개를 두어 연락하는 관계.
門부의 4획
필순 丨 冂 冂 門 門 門 閂 間

間

훈음 강 강
단어 江山(강산) : 강과 산.
江村(강촌) : 강가의 마을.
水부의 3획
필순 丶 丶 氵 氵 江 江

江

工

훈음 장인 공

단어 工夫(공부) : 학문이나 기술 등을 배우고 익힘.
工藝(공예) : 물건을 만드는 재주와 기술.

工부의 0획

필순 一 T 工

空

훈음 빌 공

단어 空間(공간) : 하늘과 땅 사이.
空白(공백) : 텅 비어 아무것도 없음.

穴부의 3획

필순 ` ´ ⺬ ⺳ 空 空 空 空

口

훈음 입 구

단어 口文(구문) : 흥정을 붙여 주고 받는 돈. 구전.
口舌(구설) : 남에게 시비를 들음.

口부의 0획

필순 ㅣ 口 口

氣

훈음 기운 기

단어 氣勢(기세) : 기운차게 뻗치는 힘.
氣溫(기온) : 대기의 온도.

气부의 6획

필순 ′ ´ 气 气 氕 氣 氣 氣

7급 배정한자

記
言부의 3획

훈음 기록할 기
단어 記錄(기록) : 적음. 어떠한 일을 적은 서류.
記事(기사) : 사실을 그대로 적음.
필순 丶 亠 言 言 言 訂 訂 記

旗
方부의 10획

훈음 깃발 기
단어 國旗(국기) : 국가를 상징하는 기.
旗手(기수) : 기를 가지고 신호를 일삼는 사람.
필순 丶 亠 方 方 扩 抻 挿 旗

男
田부의 2획

훈음 사내 남
단어 男妹(남매) : 오빠와 누이.
男性(남성) : 사내. 남자.
필순 丨 冂 冂 用 田 甼 男

內
入부의 2획

훈음 안 내
단어 內科(내과) : 내장에 탈이 난 병을 고치는 의학의 분야.
內容(내용) : 사물의 속내.
필순 丨 冂 內 內

農

辰부의 6획

- **훈음**: 농사 농
- **단어**:
  - 農民(농민) : 농사짓는 사람.
  - 農事(농사) : 씨를 뿌려 수확하는 일.
- **필순**: 冂 囲 曲 曲 芦 農 農 農

答

竹부의 6획

- **훈음**: 대답 답
- **단어**:
  - 答案(답안) : 문제에 대한 답안.
  - 答狀(답장) : 회답하여 보내는 편지.
- **필순**: ノ ト 𥫗 ⺮ 㐰 㗊 答 答

道

辶부의 9획

- **훈음**: 길 도
- **단어**:
  - 道理(도리) : 사람이 마땅히 행하여야 할 바른길.
  - 道具(도구) : 일에 쓰이는 여러 가지 연장. 제구.
- **필순**: ⺧ ⺧ 艹 首 首 首 道 道

冬

冫부의 3획

- **훈음**: 겨울 동
- **단어**:
  - 冬服(동복) : 겨울철에 입는 옷.
  - 冬寒(동한) : 겨울의 추위.
- **필순**: ノ ク 夂 冬 冬

7급 배정한자

同
口부의 3획

훈음 한가지 동

단어 同志(동지) : 서로 뜻이 같음. 또는 그 사람.
同感(동감) : 같은 느낌.

필순 丨 冂 冂 同 同 同

同

洞
水부의 6획

훈음 마을 동

단어 洞內(동내) : 동네 안.
洞民(동민) : 동네에 사는 사람.

필순 丶 氵 氵 冂 洞 洞 洞 洞

洞

動
力부의 9획

훈음 움직일 동

단어 動力(동력) : 기계를 움직이는 힘.
動作(동작) : 몸의 움직임.

필순 二 千 白 直 重 重 動 動

動

登
癶부의 7획

훈음 오를 등

단어 登山(등산) : 산에 오름.
登用(등용) : 인재를 뽑아 씀.

필순 ㇇ 癶 癶 癶 癶 啓 登 登

登

來	훈음	올 래
人부의 6획	단어	來歷(내력) : 지나온 경력. 유래. 來賓(내빈) : 초대를 받아 찾아온 손님.
	필순	一 ア ア ア ㄊ ㄊ 夾 來 來

來

力	훈음	힘 력
力부의 0획	단어	力量(역량) : 일을 해낼 수 있는 힘의 정도. 力走(역주) : 힘껏 달림.
	필순	フ 力

力

老	훈음	늙을 로
老부의 0획	단어	老齡(노령) : 늙은 나이. 老妄(노망) : 늙어서 망령을 부림.
	필순	一 十 土 耂 耂 老

老

里	훈음	마을 리
里부의 0획	단어	里數(이수) : 거리를 이 단위로 헤아린 수. 동리의 수효. 里長(이장) : 마을의 사무를 맡아보는 사람.
	필순	丨 冂 曰 日 甲 甲 里

里

7급 배정한자

훈음	수풀 림
단어	林野(임야) : 나무가 늘어서 있는 넓은 숲과 들. 林業(임업) : 삼림을 경영하는 사업.
필순	一 十 才 木 朩 村 材 林

木부의 4획

훈음	설 립
단어	立脚(입각) : 근거로 삼음. 의지함. 立志(입지) : 뜻을 세움.
필순	丶 亠 广 立 立

立부의 0획

훈음	늘 매
단어	每事(매사) : 일마다. 모든 일. 每日(매일) : 날마다.
필순	丿 亠 仁 每 每 每 每

母부의 3획

훈음	얼굴 면
단어	面談(면담) : 서로 만나서 이야기함. 面對(면대) : 서로 얼굴을 마주 대함.
필순	一 丆 丂 而 面 面 面 面

面부의 0획

名

훈음 이름 명

단어 名家(명가) : 명망이 높은 가문.
名聲(명성) : 세상에 떨친 이름.

口부의 3획

필순 ノ ク 夕 夕 名 名

命

훈음 목숨 명

단어 命脈(명맥) : 목숨과 혈맥.
命名(명명) : 사람이나 물건에 이름을 지어 붙임.

口부의 5획

필순 ノ 人 人 人 合 合 命 命

文

훈음 글월 문

단어 文盲(문맹) : 글을 볼 줄도 쓸 줄도 모르는 사람.
文學(문학) : 글에 대한 학문.

文부의 0획

필순 丶 亠 亠 文

問

훈음 물을 문

단어 問答(문답) : 물음과 대답.
問安(문안) : 웃어른께 안부를 여쭘.

口부의 8획

필순 丨 冂 冂 冃 門 門 問 問

物
牛부의 4획

훈음 만물 물

단어 物理(물리) : 만물의 이치. 물리학의 약어.
物慾(물욕) : 물질에 대한 욕심.

필순

物

方
方부의 0획

훈음 방위 방

단어 方面(방면) : 향하는 쪽. 또는 지방이나 방향.
方位(방위) : 사방의 위치.

필순

方

百
白부의 1획

훈음 일백 백

단어 百科(백과) : 많은 과목. 온갖 과목.
百姓(백성) : 국민. 서민.

필순

百

夫
大부의 1획

훈음 남편 부

단어 夫君(부군) : 아내가 남편을 일컫는 말.
夫婦(부부) : 남편과 아내.

필순 一 二 于 夫

夫

色

色부의 0획

- **훈음**: 빛 색
- **단어**:
  - 色相(색상) : 육안으로 볼 수 있는 모든 물질의 형상.
  - 色素(색소) : 물체의 색의 본질.
- **필순**: ノ ク 勺 각 刍 色

夕

夕부의 0획

- **훈음**: 저녁 석
- **단어**:
  - 夕刊(석간) : 석간 신문의 약어.
  - 夕照(석조) : 저녁놀. 사양.
- **필순**: ノ ク 夕

姓

女부의 5획

- **훈음**: 성씨 성
- **단어**:
  - 姓名(성명) : 성과 이름.
  - 姓氏(성씨) : 성의 존칭.
- **필순**: ㄑ 乙 女 女 妒 妒 姓 姓

世

一부의 4획

- **훈음**: 성씨 성
- **단어**:
  - 世界(세계) : 지구 위의 모든 나라.
  - 世上(세상) : 사람이 살고 있는 땅.
- **필순**: 一 十 卅 世 世

少

小부의 1획

훈음 적을 소

단어
少女(소녀) : 어린 여자 아이.
少年(소년) : 어린 사내 아이.

필순 丿 亅 小 少

所

戶부의 4획

훈음 바 소

단어
所望(소망) : 바라는 바.
所聞(소문) : 널리 떠도는 말.

필순 丶 丆 厂 戶 戶 所 所 所

手

手부의 0획

훈음 손 수

단어
手段(수단) : 일을 처리하는 방법.
手足(수족) : 손과 발.

필순 一 二 三 手

數

攵부의 11획

훈음 셈할 수

단어
數量(수량) : 개수나 분량.
數次(수차) : 몇 차례. 두 서너 차례.

필순 口 日 昌 婁 婁 婁 數 數

7급 배정한자 **45**

心	훈음	마음 심
心부의 0획	단어	心境(심경) : 마음의 상태. 心氣(심기) : 마음으로 느끼는 기분.
	필순	ᅵ 心 心 心

心

安	훈음	편안할 안
宀부의 3획	단어	安樂(안락) : 편안하고 즐거움. 安心(안심) : 걱정이 없이 마음을 편히 가짐.
	필순	ﾞ ﾞ 宀 宀 安 安

安

語	훈음	말씀 어
言부의 7획	단어	語句(어구) : 말의 구절. 語訥(어눌) : 말을 더듬거림.
	필순	亠 言 言 訁 訝 語 語 語

語

然	훈음	그럴 연
火부의 8획	단어	然故(연고) : 그런 까닭. 然後(연후) : 그런 뒤.
	필순	ノ ク タ タ 外 妖 然 然

然

7급 배정한자 47

邑
邑부의 0획

훈음 고을 읍

단어 邑民(읍민) : 고을 내에 사는 사람.
邑長(읍장) : 읍의 행정 사무를 통괄하는 우두머리.

필순 ㅣ ㅁ ㅁ 목 뮤 뮴 邑

入
入부의 0획

훈음 들 입

단어 入庫(입고) : 물건을 창고에 넣음.
入城(입성) : 성 안에 들어감.

필순 ノ 入

子
子부의 0획

훈음 아들 자

단어 子女(자녀) : 아들과 딸.
子孫(자손) : 아들과 손주. 후손, 혈통.

필순 一 了 子

自
自부의 0획

훈음 스스로 자

단어 自覺(자각) : 자기의 직위나 가치를 스스로 깨달음.
自由(자유) : 남에게 얽매이지 않고 마음대로 행동함.

필순 ノ 亻 白 白 自 自

7급 배정한자

電

雨부의 5획

- **훈음**: 번개 전
- **단어**:
  - 電燈(전등) : 전기의 힘으로 켜는 등.
  - 電力(전력) : 전기의 힘.
- **필순**: 一 亠 千 千 千 雨 雨 雨 電 電

正

止부의 1획

- **훈음**: 바를 정
- **단어**:
  - 正當(정당) : 이치에 맞음.
  - 正常(정상) : 바르고 떳떳함.
- **필순**: 一 丁 下 正 正

祖

示부의 5획

- **훈음**: 조상 조
- **단어**:
  - 祖母(조모) : 할머니.
  - 祖父(조부) : 할아버지.
- **필순**: 二 亍 亓 示 礻 礻 衦 祖

足

足부의 0획

- **훈음**: 발 족
- **단어**:
  - 滿足(만족) : 마음에 흡족함.
  - 足鎖(족쇄) : 죄인의 발목에 채우는 쇠사슬.
- **필순**: 丨 口 口 甲 무 足 足

7급 배정한자

左
工부의 2획

훈음 왼 좌

단어 左右間(좌우간) : 이렇든 저렇든 간에.
左衝右突(좌충우돌) : 이리저리 닥치는 대로 치고받음.

필순 一 ナ ナ 左 左

主
丶부의 4획

훈음 주인 주

단어 主動(주동) : 주가 되어 행동함.
主力(주력) : 주장되는 힘. 중심이 되는 세력.

필순 丶 二 十 主 主

住
人부의 5획

훈음 머무를 주

단어 住居(주거) : 어떤 곳에 삶.
住民(주민) : 일정한 땅에 사는 백성.

필순 丿 亻 亻 亻 亻 住 住

重
里부의 2획

훈음 무거울 중

단어 重量(중량) : 무게.
重複(중복) : 거듭함.

필순 一 二 千 千 重 重 重 重

地
土부의 3획

훈음 땅 지

단어 地球(지구) : 우리 인류가 살고 있는 천체.
地帶(지대) : 한정된 일정한 구역.

필순 一 十 土 圠 圸 地

紙
糸부의 4획

훈음 종이 지

단어 紙榜(지방) : 종이 조각에 글을 써서 만든 신주.
紙業(지업) : 종이를 생산. 또는 판매함.

필순 ㄑ 幺 千 糸 紅 紅 紙 紙

直
目부의 3획

훈음 곧을 직

단어 直角(직각) : 90도의 각도. 수평과 수직으로 이뤄진 각.
直席(직석) : 앉은 그 자리.

필순 一 十 广 古 肻 直 直

車
車부의 0획

훈음 수레 차,거

단어 車馬(거마) : 수레와 말.
車道(차도) : 차가 다니는 길.

필순 一 厂 币 币 百 車 車

7급 배정한자

村
木부의 3획

- **훈음** 마을 촌
- **단어** 村婦(촌부) : 시골 부녀자.
  農村(농촌) : 농사를 짓는 주민이 대부분인 마을.
- **필순** 一 十 オ 木 木 村 村

秋
禾부의 4획

- **훈음** 가을 추
- **단어** 秋風(추풍) : 가을바람.
  秋收(추수) : 가을에 곡식을 거두어 들이는 일.
- **필순** 二 千 壬 禾 禾 禾 秋 秋

春
日부의 5획

- **훈음** 봄 춘
- **단어** 春季(춘계) : 봄철. 춘기.
  春夢(춘몽) : 덧없는 세월을 비유한 말.
- **필순** 二 三 丰 夫 来 寿 春 春

出
凵부의 3획

- **훈음** 날 출
- **단어** 出納(출납) : 내고 받아들임. 수입과 지출.
  出發(출발) : 길을 떠나 나감.
- **필순** 丨 屮 屮 出 出

7급 배정한자

便
人부의 7획

훈음: 편할 편, 똥오줌 변

단어:
便利(편리) : 편하고 쉬움.
便所(변소) : 대소변을 보는 곳. 화장실.

필순: 亻 亻 亻 仨 佰 佰 便 便

平
干부의 2획

훈음: 평평할 평

단어:
平面(평면) : 평평한 표면.
平民(평민) : 벼슬이 없는 일반인.

필순: 一 一 乛 亠 平

下
一부의 2획

훈음: 아래 하

단어:
下級(하급) : 낮은 계급. 또는 등급.
下鄕(하향) : 시골로 내려감.

필순: 一 丅 下

夏
夂부의 7획

훈음: 여름 하

단어:
夏服(하복) : 여름철에 입는 옷.
夏節(하절) : 여름철.

필순: 一 丆 丌 百 百 頁 夏 夏

漢
水부의 11획

- **훈음**: 한나라 한
- **단어**:
  - 漢果(한과) : 과자의 한 가지.
  - 漢文(한문) : 중국의 글.
- **필순**: 氵 氵 汁 汁 浩 漢 漢 漢

海
水부의 7획

- **훈음**: 바다 해
- **단어**:
  - 海洋(해양) : 넓고 큰 바다.
  - 海外(해외) : 바다 바깥. 외국.
- **필순**: 氵 氵 氵 汇 汇 海 海 海

花
艸부의 4획

- **훈음**: 꽃 화
- **단어**:
  - 花盆(화분) : 화초를 심어 가꾸는 그릇.
  - 花草(화초) : 꽃이 피는 풀과 나무.
- **필순**: 一 十 サ サ 芏 花 花

話
言부의 6획

- **훈음**: 말씀 화
- **단어**:
  - 話頭(화두) : 말머리.
  - 話術(화술) : 이야기하는 기교. 말재주.
- **필순**: 丶 亠 言 言 訁 訐 話 話

7급 배정한자

活
水부의 6획

훈음 살 활

단어
活動(활동) : 생기 있게 몸을 씀.
活力(활력) : 살아 있는 힘.

필순 丶 氵 氵 氵 汗 浐 活 活

孝
子부의 4획

훈음 효도 효

단어
孝道(효도) : 부모를 잘 섬기는 도리.
孝子(효자) : 부모를 잘 섬기는 아들.

필순 一 十 土 耂 耂 孝 孝

後
彳부의 6획

훈음 뒤 후

단어
後光(후광) : 부처의 몸 뒤로부터 내비치는 빛.
後患(후환) : 뒷날에 생기는 근심이나 걱정.

필순 丿 彳 彳 彳 彳 後 後 後

休
人부의 4획

훈음 쉴 휴

단어
休息(휴식) : 쉼. 휴게.
休養(휴양) : 심신을 쉬며 보양함.

필순 丿 亻 亻 什 休 休

4장 6급 배정한자

角
角 부의 0획

훈음 뿔, 겨룰 각

단어 角度(각도) : 각의 크기. 사물을 보는 관점.
角逐(각축) : 서로 이기려고 다툼.

필순 ′ ″ ⌒ 厃 角 角 角

各
口 부의 3획

훈음 각각 각

단어 各界(각계) : 사회의 각 방면.
各種(각종) : 여러 가지. 갖가지.

필순 ′ ク 夂 冬 各 各

感
心 부의 9획

훈음 느낄 감

단어 感激(감격) : 감동하여 분발함.
感謝(감사) : 고맙게 여김.

필순) 厂 后 咸 咸 咸 感 感

强
弓 부의 8획

훈음 굳셀 강

단어 强健(강건) : 굳세고 건강함.
强國(강국) : 세력이 큰 나라.

필순 ¬ ㄱ 弓 ㄢ 弭 弭 强 强

開

門부의 4획

- 훈음: 열 개
- 단어:
  - 開幕(개막) : 무대의 막을 엶.
  - 開學(개학) : 학교의 수업을 시작함.
- 필순: 丨 冂 冂 冋 冋 門 門 門 開

京

亠부의 6획

- 훈음: 서울 경
- 단어:
  - 京觀(경관) : 대단한 구경거리.
  - 京鄕(경향) : 서울과 시골.
- 필순: 丶 亠 亠 古 古 亨 京 京

界

田부의 4획

- 훈음: 경계 계
- 단어:
  - 境界(경계) : 어떤 표준 밑에 서로 맞닿은 자리.
  - 限界(한계) : 사물의 정해 놓은 범위.
- 필순: 冂 冂 冊 田 男 界 界 界

計

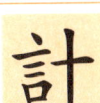

言부의 2획

- 훈음: 셈할 계
- 단어:
  - 計算(계산) : 수량을 헤아림.
  - 計劃(계획) : 미리 꾀하여 작정함.
- 필순: 丶 亠 三 言 言 言 言 計

6급 배정한자

功

力부의 3획

훈음 공 공

단어
功勞(공로) : 일에 애쓴 공적.
功績(공적) : 쌓은 공로.

필순 ー丁工功功

共

八부의 4획

훈음 함께 공

단어
共感(공감) : 남의 의견이나 주장에 공명함.
共用(공용) : 공동으로 사용함.

필순 一 十 卄 共 共 共

果

木부의 4획

훈음 열매 과

단어
果實(과실) : 과일 나무에 열리는 열매.
果然(과연) : 참으로 그러함.

필순 丨 冂 日 日 旦 甲 果 果

科

禾부의 4획

훈음 과정 과

단어
科擧(과거) : 옛날 관리 등용을 위해 시행하던 시험.
科目(과목) : 학문의 분야를 나눈 구분.

필순 ニ 千 禾 禾 禾 科 科

6급 배정한자

郡
邑 부의 7획

- **훈음**: 고을 군
- **단어**:
  - 郡守(군수) : 한 군의 행정을 맡아 보는 최고 책임자.
  - 郡民(군민) : 그 고을에 사는 사람들.
- **필순**: ㄱ ㅋ ㅋ ㅋ 尹 君 君 郡 郡

近
辶 부의 4획

- **훈음**: 까가울 근
- **단어**:
  - 近郊(근교) : 도시에 가까운 주변.
  - 近接(근접) : 가까이 접근함.
- **필순**: ノ ｢ ｢ 斤 斤 沂 沂 近

根
木 부의 6획

- **훈음**: 뿌리 근
- **단어**:
  - 根本(근본) : 사물의 본바탕. 근원.
  - 根絕(근절) : 다시 살아날 수 없게 뿌리채 끊어 없앰.
- **필순**: 十 木 术 杧 柙 根 根 根

今

人 부의 2획

- **훈음**: 이제 금
- **단어**:
  - 今明間(금명간) : 오늘이나 내일 사이.
  - 今時(금시) : 이제. 지금.
- **필순**: ノ 人 ㅅ 今

6급 배정한자

急
心 부의 5획

훈음 급할 급

단어
急行(급행) : 빨리감. 급행열차.
急進(급진) : 급히 진행함.

필순 ノ 𠂉 ⺈ 马 马 刍 刍 急 急

級
糸 부의 4획

훈음 차례 급

단어
級友(급우) : 같은 학급에서 배우는 벗.
級長(급장) : 학급을 다스리는 학생.

필순 𛂢 幺 纟 糸 糽 級 紛 級

多
夕 부의 3획

훈음 많을 다

단어
多量(다량) : 분량이 많음.
多忙(다망) : 매우 바쁨. 매우 분주함.

필순 ノ 夕 夕 多 多 多

短
矢 부의 7획

훈음 짧을 단

단어
短期(단기) : 짧은 기간. 단 기간.
短文(단문) : 글 아는 것이 넉넉지 못함. 짧은 글.

필순 𠂉 ヒ 矢 矢 矢 短 短 短

堂
土 부의 8획

훈음 집 당

단어
堂內(당내) : 동성 동본의 유복친. 곧 팔촌 이내의 일가.
堂上(당상) : 마루 위. 대청 위.

필순 丿 丶 丷 ⺌ 屶 屶 堂 堂

代
人 부의 3획

훈음 대신할 대

단어
代價(대가) : 물건을 산 대신의 값.
代書(대서) : 남을 대신해서 글씨를 씀.

필순 丿 亻 亻 代 代

待
彳 부의 6획

훈음 기다릴 대

단어
待望(대망) : 바라고 기다림.
待遇(대우) : 예의를 갖추어 대함.

필순 丿 彳 彳 社 社 待 待 待

對
寸 부의 11획

훈음 마주할 대

단어
對決(대결) : 두 사람이 맞서서 우열 같은 것을 결정함.
對談(대담) : 마주 대하여 이야기함.

필순 丨 丷 ⺌ 业 丵 丵 對 對

6급 배정한자

度	훈음	법도 도
广부의 6획	단어	度量(도량) : 너그러운 마음과 깊은 생각. 度外(도외) : 법도의 밖.
	필순	丶 亠 广 产 庐 庐 度 度

圖	훈음	그림 도
口부의 11획	단어	圖書(도서) : 서적. 책. 圖案(도안) : 그림으로 나타낸 의장. 디자인.
	필순	冂 門 門 图 昌 昌 圖 圖

讀	훈음	읽을 독
言부의 15획	단어	讀本(독본) : 글을 읽어서 익히기 위한 책. 讀書(독서) : 책을 읽음.
	필순	三 言 訁 讀 讀 讀 讀 讀

童	훈음	아이 동
立부의 7획	단어	童心(동심) : 어린 아이의 마음. 어린이처럼 순진함. 童男(동남) : 사내아이. 동자.
	필순	亠 立 产 䇂 音 竜 童 童

頭
頁부의 7획

- **훈음**: 머리 두
- **단어**:
  - 頭腦(두뇌) : 뇌. 사물을 판단하는 슬기.
  - 頭序(두서) : 머리가 되는 차례.
- **필순**: 一 口 豆 豆 豆 頭 頭 頭

等
竹부의 6획

- **훈음**: 등급 등
- **단어**:
  - 等級(등급) : 계급.
  - 等數(등수) : 차례를 매김.
- **필순**: ノ 𠂉 竹 竹 竺 笁 等 等

樂
木부의 11획

- **훈음**: 즐거울 락, 풍류 악, 즐길 요
- **단어**:
  - 樂觀(낙관) : 즐겁게 봄. 즐겁게 놂. 樂士(악사) : 악기를 연주하는 사람. 樂山樂水(요산요수) : 산과 물을 즐김.
- **필순**: 白 白 幺白幺 幺白幺 樂 樂 樂 樂

例
人부의 6획

- **훈음**: 법식 례
- **단어**:
  - 例文(예문) : 예로서 든 글.
  - 例事(예사) : 보통 있는 일.
- **필순**: 丿 亻 仁 仃 侈 侈 例 例

禮
示부의 13획

훈음 예절 례

단어 禮法(예법) : 예의의 법칙. 예의나 몸가짐의 방식.
禮儀(예의) : 예절과 몸가짐의 태도.

필순 亍 禾 礻 禃 禮 禮 禮 禮

路
足부의 13획

훈음 길 로

단어 路費(노비) : 여행에 드는 돈.
路祭(노제) : 발인할 때, 문 앞에서 지내는 제사.

필순 口 日 足 足 趵 趵 路 路

綠
糸부의 8획

훈음 푸를 록

단어 綠色(녹색) : 청색과 황색의 중간색.
綠化(녹화) : 산과 들에 초목을 심어 푸르게 함.

필순 幺 糸 糹 糹 紵 絅 綠 綠

利
刀부의 5획

훈음 이로울 리

단어 利己心(이기심) : 자기의 이익만을 생각하는 마음.
利得(이득) : 이익을 얻음.

필순 丿 二 千 千 禾 利 利

李

木부의 3획

- **훈음**: 오얏나무 리
- **단어**:
  - 李花(이화) : 오얏꽃.
  - 桃李(도리) : 복숭아와 자두.
- **필순**: 一 十 ナ 木 本 李 李

理

玉부의 7획

- **훈음**: 다스릴 리
- **단어**:
  - 理論(이론) : 관념적으로 짜여진 논리. 사물의 이치를 논함.
  - 理致(이치) : 사물에 대한 합리성.
- **필순**: 丁 王 刊 珇 珇 珇 理 理

明

日부의 4획

- **훈음**: 밝을 명
- **단어**:
  - 明示(명시) : 분명히 가리킴.
  - 明暗(명암) : 밝음과 어두움.
- **필순**: 丨 冂 冃 日 日/ 明 明 明

目

目부의 0획

- **훈음**: 눈 목
- **단어**:
  - 目錄(목록) : 책 내용의 조목을 순서적으로 적은 것.
  - 目標(목표) : 목적 삼은 곳.
- **필순**: 丨 冂 冃 目 目

反

훈음 되돌릴 반

단어 反擊(반격) : 쳐들어 오는 적군을 도리어 공격함.
反共(반공) : 공산주의에 반대함.

又부의 2획

필순 一 厂 反 反

半

훈음 절반 반

단어 半徑(반경) : 반지름. 직경의 절반.
半額(반액) : 절반 값.

十부의 3획

필순 丶 八 半 半 半

班

훈음 나눌 반

단어 班白(반백) : 백발이 반쯤 섞임.
班長(반장) : 그 반의 지휘자. 책임자.

玉부의 6획

필순 一 T F 王 王 玑 珽 班

發

훈음 필 발

단어 發射(발사) : 활을 쏨. 총을 쏨.
發表(발표) : 세상에 널리 알림.

癶부의 7획

필순 丆 弓 癶 癶 癶 發 發 發

6급 배정한자

放
攵 부의 4획

훈음 놓을 방
단어 放浪(방랑) : 떠돌아 다님.
放心(방심) : 정신을 집중하지 않음.
필순 ' 亠 方 方 方' 扩 於 放

番
田 부의 7획

훈음 차례 번
단어 番地(번지) : 번호를 붙여 나눈 땅.
番號(번호) : 차례를 나타내는 호수.
필순 ノ ハ ハ 平 乎 采 番 番 番

別
刀 부의 5획

훈음 다를 별
단어 別離(별리) : 헤어져 떠나감. 이별.
別食(별식) : 색다른 음식.
필순 ' 口 口 号 另 別 別

病
疒 부의 5획

훈음 병들 병
단어 病菌(병균) : 병의 원인이 되는 세균.
病院(병원) : 병을 치료하는 기관.
필순 亠 广 广 广 疒 病 病 病

服
月부의 4획

- 훈음: 옷, 복종할 복
- 단어:
  - 服從(복종) : 남의 명령 등에 따름.
  - 衣服(의복) : 옷.
- 필순: ﾉ 几 月 月 月﹁ 朋 服 服

服

本
木부의 1획

- 훈음: 근본 본
- 단어:
  - 本能(본능) : 선천적으로 타고난 성질.
  - 根本(근본) : 사물의 밑바탕.
- 필순: 一 十 才 木 本

本

部
邑부의 8획

- 훈음: 거느릴 부
- 단어:
  - 部類(부류) : 종류에 따라 나눈 갈래.
  - 部署(부서) : 근무상 나뉜 부분. 주어진 일이나 일자리.
- 필순: 丶 亠 ㅗ 㤕 咅 咅 㕱 部

部

分
刀부의 2획

- 훈음: 나눌 분
- 단어:
  - 分家(분가) : 큰집에서 나와 딴 살림을 차림.
  - 分擔(분담) : 갈라서 맡음.
- 필순: ノ 八 分 分

分

6급 배정한자

死
歹부의 2획

훈음 죽을 사

단어
死亡(사망) : 죽음. 없어짐.
死守(사수) : 목숨을 걸고 지킴.

필순 一 ㄱ ㄗ 歹 歹 死

社
示부의 3획

훈음 모일 사

단어
社交(사교) : 여러 사람이 모여 서로 교제함.
社屋(사옥) : 회사의 건물.

필순 一 二 亍 市 示 社 社

使
人부의 6획

훈음 부릴 사

단어
使用(사용) : 물건을 쓰거나 사람을 부림.
使臣(사신) : 임금의 명을 받아 외국에 가는 신하.

필순 丿 亻 亻 仁 乍 乍 使 使

書
曰부의 6획

훈음 글 서

단어
書架(서가) : 책을 얹는 선반. 문서나 서적을 얹는 시렁.
書道(서도) : 글씨 쓰는 방법을 배움.

필순 ㄱ ㅋ ヨ 聿 聿 聿 書 書

石

石 부의 0획

- **훈음**: 돌 석
- **단어**:
  - 石橋(석교) : 돌다리.
  - 石綿(석면) : 솜처럼 부드러운 전기, 열의 부동체 광물.
- **필순**: 一 ㄧ 丆 石 石

席

巾 부의 7획

- **훈음**: 자리 석
- **단어**:
  - 末席(말석) : 맨 끝의 자리.
  - 座席(좌석) : 앉아 있는 자리.
- **필순**: 丶 亠 广 产 庐 庐 席 席

線

糸 부의 9획

- **훈음**: 줄 선
- **단어**:
  - 線路(선로) : 가늘고 긴 길. 기차, 전차의 궤도.
  - 曲線(곡선) : 부드럽게 구부러진 선.
- **필순**: 幺 糸 糹 紒 絈 綧 綧 線

雪

雨 부의 3획

- **훈음**: 눈 설
- **단어**:
  - 雪景(설경) : 눈 내린 경치.
  - 雪辱(설욕) : 부끄러움을 씻음.
- **필순**: 一 广 兩 乘 雨 雩 雪 雪

6급 배정한자

成
戈부의 3획

훈음 이룰 성

단어 成果(성과) : 일의 끝에 이뤄진 결과. 일의 좋은 결과.
成立(성립) : 사물이 이루어짐.

필순) 厂 厃 成 成 成 成

省
目부의 4획

훈음 살필 성, 덜 생

단어 省墓(성묘) : 조상의 산소를 찾아가 살펴 돌봄.
省略(생략) : 덜어서 줄임.

필순) 丿 小 少 少 省 省 省

消
水부의 7획

훈음 사라질 소

단어 消息(소식) : 기별이나 알림. 상황, 동정을 알리는 보도.
消滅(소멸) : 사라져 없어짐.

필순 氵 氵 氵 氵 氵 消 消 消

速
辶부의 7획

훈음 빠를 속

단어 速決(속결) : 빨리 끝을 맺음. 얼른 결단함.
速行(속행) : 빨리 감. 빨리 행함.

필순 一 一 一 申 束 束 速 速

孫
子부의 7획

- 훈음: 손자 손
- 단어:
  - 孫女(손녀) : 아들의 딸.
  - 孫子(손자) : 아들의 아들.
- 필순: 了 孑 孒 孒 孫 孫 孫 孫

樹
木부의 12획

- 훈음: 나무 수
- 단어:
  - 樹林(수림) : 나무가 우거진 숲.
  - 樹立(수립) : 국가, 제도 등을 이룩해 세움.
- 필순: 十 木 木 桔 桔 桔 樹 樹

術
行부의 5획

- 훈음: 재주 술
- 단어:
  - 術語(술어) : 학술상 특히 한정된 의미로 쓰는 낱말.
  - 術策(술책) : 모략. 계략.
- 필순: ノ 彳 彳 紆 紆 術 術 術

習
羽부의 5획

- 훈음: 익힐 습
- 단어:
  - 習得(습득) : 배워 터득함.
  - 習性(습성) : 버릇이 된 성질.
- 필순: フ 키 习 羽 羽 羽 習 習 習

6급 배정한자

勝
力부의 10획

훈음 이길 승

단어
勝利(승리) : 다투거나 싸움에서 이김.
勝算(승산) : 이길 가망성.

필순 丿 月 丬 胖 胖 肸 勝 勝

勝

始
女부의 5획

훈음 처음 시

단어
始終(시종) : 처음과 끝.
始動(시동) : 움직이기 시작함.

필순 人 夕 女 妙 妙 始 始 始

始

式
弋부의 3획

훈음 법 식

단어
式場(식장) : 의식을 거행하는 장소.
書式(서식) : 증서, 원서 등을 쓰는 법식.

필순 一 二 二 弋 式 式

式

身
身부의 0획

훈음 몸 신

단어
身上(신상) : 일신에 관한 일.
身元(신원) : 출생, 신분, 직업 따위의 일체.

필순 ′ 丫 ⺈ 勹 自 身 身

身

信
人부의 7획

훈음 믿을 신

단어
信賴(신뢰) : 신용하여 믿고 의지함.
信徒(신도) : 종교를 믿는 사람들.

필순 亻 亻 亻 亻 信 信 信 信

神
示부의 5획

훈음 귀신 신

단어
神童(신동) : 재주와 지혜가 남달리 뛰어난 아이.
神靈(신령) : 죽은 사람의 혼.

필순 一 亍 亓 示 沪 沪 沖 神

新
斤부의 9획

훈음 새 신

단어
新刊(신간) : 책을 새로 펴냄.
新鮮(신선) : 새롭고 산뜻함.

필순 亠 立 立 辛 亲 新 新 新

失
大부의 2획

훈음 잃을 실

단어
失禮(실례) : 예의를 잃음.
失明(실명) : 눈을 잃음. 장님이 됨.

필순 丿 ㄣ ㄷ 失 失

훈음 사랑 애

단어
愛讀(애독) : 즐겨서 읽음.
愛情(애정) : 사랑하는 마음.

필순

훈음 밤 야

단어
夜間(야간) : 밤 사이. 밤 동안.
夜食(야식) : 밤의 음식을 먹음. 또는 그 음식. 밤참.

필순

훈음 들 야

단어
野史(야사) : 민간에서 사사로이 지은 역사.
野性(야성) : 교양이 없는 거친 성질.

필순 ㅣ 冂 日 甲 里 里' 野 野

훈음 약할 약

단어
弱小(약소) : 약하고 작음.
弱者(약자) : 세력이 약한 사람.

필순

藥	훈음	약 약
艹부의 15획	단어	藥局(약국) : 약을 조제하는 곳. 藥水(약수) : 약효가 있는 물.
	필순	丶 一 艹 芐 苩 蕐 藥 藥

洋	훈음	바다 양
水부의 6획	단어	洋服(양복) : 서양식 의복의 총칭. 洋食(양식) : 서양식의 음식.
	필순	丶 冫 氵 汁 汻 洋 洋 洋

陽	훈음	볕 양
阜부의 9획	단어	陽地(양지) : 볕이 바로 드는 땅. 陽春(양춘) : 따뜻한 봄.
	필순	阝 阝 阝 阝 阡 阽 陽 陽

言	훈음	말씀 언
言부의 0획	단어	言渡(언도) : 재판의 결과를 말로 내리는 선언. 선고(宣告). 言辯(언변) : 말 솜씨. 말 재주.
	필순	丶 亠 亠 言 言 言 言

6급 배정한자

用

用부의 0획

- **훈음**: 쓸 용
- **단어**:
  - 用途(용도) : 쓰는 길. 쓰는 곳.
  - 用務(용무) : 볼 일. 필요한 임무.
- **필순**: ノ 刀 月 月 用

勇

力부의 7획

- **훈음**: 날랠 용
- **단어**:
  - 勇氣(용기) : 용맹스러운 기운.
  - 勇猛(용맹) : 날쌔고 사나움.
- **필순**:

運

辶부의 9획

- **훈음**: 움직일 운
- **단어**:
  - 運搬(운반) : 물건 또는 사람을 옮겨 나름.
  - 運送(운송) : 물건을 운반해 보냄.
- **필순**:

園

口부의 10획

- **훈음**: 동산 원
- **단어**:
  - 庭園(정원) : 집안의 뜰.
  - 園藝(원예) : 채소, 과목, 화초 따위를 심어 가꾸는 일.
- **필순**: 丨 冂 門 周 周 園 園 園

6급 배정한자

훈음 멀 원

단어
遠近(원근) : 먼 것과 가까운 것.
遠洋(원양) : 멀리 있는 바다.

辶부의 10획

필순 土 吉 吉 吉 吉 袁 遠 遠

훈음 까닭 유

단어
由來(유래) : 사물의 내력.
由緖(유서) : 사물이 예부터 전해 오는 까닭과 내력.

田부의 0획

필순 丨 口 巾 由 由

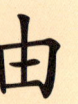

훈음 기름 유

단어
油畵(유화) : 기름기가 있는 물감으로 그린 서양식 그림.
廢油(폐유) : 찌꺼기가 된 기름.

水부의 5획

필순 丶 丶 氵 氵 汀 沖 油 油

훈음 은 은

단어
銀杯(은배) : 은으로 만든 술잔.
銀行(은행) : 돈의 출입금 또는 예금 등을 취급하는 곳.

金부의 6획

필순 人 亼 午 金 釒 鈩 鈩 銀

音

훈음 소리 음

단어 音讀(음독) : 한자의 음으로 읽음.
音色(음색) : 발음체의 종류를 구별할 만한 소리의 성질.

필순 一 亠 立 咅 咅 音 音 音

音부의 0획

音

飲

훈음 마실 음

단어 飮食(음식) : 먹고 마심. 또는 그 물건.
飮料(음료) : 마실 만한 물건.

필순 ノ ㄅ 乇 皀 food 飮 飮 飮

食부의 4획

飲

衣

훈음 옷 의

단어 衣類(의류) : 옷 종류의 총칭.
衣服(의복) : 옷. 의상.

필순 丶 亠 ナ 亣 衣 衣

衣부의 0획

意

훈음 뜻 의

단어 意氣(의기) : 의지와 용기.
意識(의식) : 깨어 있을 때 사물을 깨닫는 마음의 작용.

필순 一 亠 立 咅 咅 音 意 意

心부의 9획

意

醫
酉부의 11획

- **훈음**: 의원 의
- **단어**:
  - 醫科(의과) : 대학의 한 분과.
  - 醫療(의료) : 병을 고침.
- **필순**: 一 亞 医 医 医^ 医殳 殹 醫 醫

者
老부의 5획

- **훈음**: 사람 자
- **단어**:
  - 記者(기자) : 신문, 잡지 등의 기사를 집필, 편집하는 이.
  - 作者(작자) : 소작인. 저작자.
- **필순**: 十 土 耂 耂 耂 者 者

作
人부의 5획

- **훈음**: 지을 작
- **단어**:
  - 作家(작가) : 문예 작품의 저술자.
  - 作業(작업) : 일함. 하는 일.
- **필순**: 丿 亻 亻 仁 作 作 作

昨
日부의 5획

- **훈음**: 어제 작
- **단어**:
  - 昨年(작년) : 지난 해.
  - 昨月(작월) : 지난 달.
- **필순**: 丨 日 日 日' 旷 昨 昨 昨

- **훈음**: 글 장
- **단어**:
  - 文章(문장) : 한 줄거리의 생각을 글자로 기록한 것.
  - 肩章(견장) : 어깨에 붙인 계급장.
- **필순**: 亠 立 产 产 音 音 章 章

立부의 6획

- **훈음**: 재주 재
- **단어**:
  - 才能(재능) : 재주와 능력.
  - 才談(재담) : 익살을 섞어 재치있게 하는 재미스러운 말.
- **필순**: 一 十 才

手부의 0획

- **훈음**: 있을 재
- **단어**:
  - 在京(재경) : 서울에 머물러 있음.
  - 在籍(재적) : 어떤 단체나 합의체에 적을 두고 있음.
- **필순**: 一 ナ 扌 左 在 在

土부의 3획

- **훈음**: 싸울 전
- **단어**:
  - 戰時(전시) : 전쟁하고 있는 때.
  - 戰鬪(전투) : 싸움. 전쟁.
- **필순**: 吅 때 떕 畀 單 戰 戰 戰

戈부의 12획

6급 배정한자

定
宀 부의 5획

훈음 정할 정

단어 定價(정가) : 값을 정함. 또는 그 값.
定規(정규) : 일정한 규칙.

필순 ` ` ` ` ` ` 宀 宁 宇 定 定

庭
广 부의 7획

훈음 뜰 정

단어 家庭(가정) : 가족과 함께 사는 집.
庭園(정원) : 집 안의 뜰.

필순 ` ` 广 广 庐 庄 庭 庭

第
竹 부의 5획

훈음 차례 제

단어 第三者(제삼자) : 당사자 외의 사람.
第一(제일) : 처음. 맨 먼저.

필순 ` ` ` ` ` 竹 竹 筜 笃 第 第

題
頁 부의 9획

훈음 제목 제

단어 題目(제목) : 책이나 작품의 이름.
題材(제재) : 문예 작품의 재료와 제목.

필순 旦 早 是 是 題 題 題

朝 月부의 8획	**훈음** 아침 조
	단어 朝刊(조간) : 아침에 돌리는 신문.
	朝飯(조반) : 아침 밥.
	필순 一 十 井 古 古 卓 朝 朝

朝

族 方부의 7획	**훈음** 겨레 족
	단어 族譜(족보) : 한 족속의 세계를 적은 책.
	族閥(족벌) : 큰 세력을 가진 문벌의 일족.
	필순 亠 方 方 扩 扩 扩 族 族

族

注 水부의 5획	**훈음** 물댈 주
	단어 注力(주력) : 힘을 있는 대로 들임.
	注文(주문) : 물건을 미리 맞춤.
	필순 丶 丶 氵 氵 氵 汁 汁 注

注

畫 日부의 7획	**훈음** 낮 주
	단어 畫間(주간) : 낮 동안.
	畫夜(주야) : 밤과 낮.
	필순 一 ョ ョ 書 書 書 書 畫

畫

6급 배정한자

集
佳부의 4획

훈음: 모을 집
단어:
集結(집결) : 한곳으로 모이거나 모음. 결집.
集散(집산) : 모음과 흩어짐.

필순: ノ 亻 ㄏ ㄏ 什 隹 隼 集

窓
穴부의 6획

훈음: 창문 창
단어:
窓門(창문) : 채광, 통풍을 위해 벽에 만들어 놓은 문.
車窓(차창) : 차에 달린 창문.

필순: 丶 宀 宀 宑 空 空 窓 窓

淸
水부의 8획

훈음: 맑을 청
단어:
淸算(청산) : 말끔하게 셈을 정리함.
淸廉(청렴) : 마음이 깨끗하고 욕심이 없으며 행실이 올바름.

필순: 氵 氵 汁 津 淸 淸 淸 淸

體
骨부의 13획

훈음: 몸 체
단어:
體軀(체구) : 몸. 신체. 몸뚱이.
體能(체능) : 어떤 일을 감당할 만한 몸의 능력.

필순: 冂 骨 骨 骨 骨 體 體 體

親
見부의 9획

- **훈음**: 친할 친
- **단어**:
  - 親睦(친목): 서로 친해 뜻이 맞음.
  - 親愛(친애): 서로 사이가 친밀함.
- **필순**: 亠 立 立 辛 亲 新 親 親

太
大부의 1획

- **훈음**: 클 태
- **단어**:
  - 太古(태고): 아주 오랜 옛날.
  - 太平(태평): 세상이 잘 다스려짐.
- **필순**: 一 ナ 大 太

通
辶부의 7획

- **훈음**: 통할 통
- **단어**:
  - 通過(통과): 통과하여 지나감. 패스.
  - 通念(통념): 일반 사회에 널리 통하는 개념.
- **필순**: 亻 乃 甬 甬 甬 诵 通 通

特
牛부의 6획

- **훈음**: 특별할 특
- **단어**:
  - 特命(특명): 특별한 명령.
  - 特使(특사): 특별 임무를 띠고 파견하는 사절.
- **필순**: 丿 牛 牛 牜 牪 牪 特 特

6급 배정한자

훈음 겉 표

단어 票記(표기) : 거죽에 표시하여 기록함. 또는 그런 기록.
票面(표면) : 거죽으로 드러난 면.

필순 一 十 キ 主 丰 耒 表 表

훈음 바람 풍

단어 風霜(풍상) : 바람과 서리. 세상살이의 어려움과 고생.
風速(풍속) : 바람이 지나가는 속도.

필순 丿 几 凡 凡 同 風 風 風

훈음 합할 합

단어 合計(합계) : 합하여 계산함.
合同(합동) : 한데 합함.

필순 丿 人 스 合 合 合

훈음 다닐 행

단어 行動(행동) : 몸짓. 동작. 태도.
行進(행진) : 줄을 지어 나아감.

필순 丿 彳 彳 行 行 行

幸
干부의 5획

훈음 다행 행
단어 幸運(행운) : 좋은 운수.
不幸(불행) : 행복하지 못함.
필순 一 十 土 士 去 赤 赤 幸

向
口부의 3획

훈음 향할 향
단어 向方(향방) : 향하는 곳.
向學(향학) : 배움을 지향함.
필순 ′ ′ 门 冋 向 向

現
玉부의 7획

훈음 나타날 현
단어 現實(현실) : 현재 사실로 존재하고 있는 일이나 상태.
現夢(현몽) : 죽은 사람 혹은 신령이 꿈에 나타남.
필순 T 王 玑 玑 玥 玥 珇 現

形
彡부의 4획

훈음 얼굴 형
단어 形象(형상) : 물체의 형태. 형편.
形式(형식) : 겉모양. 외형. 격식이나 절차.
필순 一 二 テ 开 开 形 形

6급 배정한자

號
虍부의 7획

훈음 부르짖을 호

단어 號哭(호곡) : 소리를 내어 슬피 욺.
號令(호령) : 지휘하는 명령.

필순 ` ㅁ 号 号 号 号 號 號

和
口부의 5획

훈음 화할 화

단어 和樂(화락) : 사이 좋게 즐김.
和睦(화목) : 서로 뜻이 맞고 정다움.

필순 ノ ニ 千 禾 禾 和 和

畫
田부의 7획

훈음 그림 화

단어 畫家(화가) : 그림 그리는 일을 전문으로 하는 사람.
名畫(명화) : 이름난 그림. 아주 잘 그린 그림.

필순 ㄱ ㅋ ㄹ 圭 書 書 畫 畫

黃
黃부의 0획

훈음 누를 황

단어 黃菊(황국) : 누른 국화.
黃金(황금) : 금. 돈.

필순 一 卄 廾 芒 芑 芇 苗 黃

會
日부의 9획

훈음 모일 회

단어 會期(회기) : 회의하는 시기. 개최하는 동안.
會談(회담) : 한곳에 모여 이야기함.

필순 人 人 合 合 合 侖 侖 會 會

訓
言부의 3획

훈음 가르칠 훈

단어 訓戒(훈계) : 가르쳐 훈계함. 타이름.
訓令(훈령) : 상급 관아에서 하급 관아에 훈시하는 명령.

필순 丶 亠 宀 言 言 訂 訓 訓

6급 배정한자

5장 5급 배정한자

客

훈음 손님 객

단어
客設(객설) : 쓸데없이 객쩍은 말.
客席(객석) : 연극, 영화, 운동경기 등에서 관객이 앉는 자리.

宀부의 6획

필순 丶 宀 宀 宀 安 客 客 客

去

훈음 갈 거

단어
去來(거래) : 가고 오는 것의 영리를 위한 매매 행위.
過去(과거) : 이미 지나간 때.

厶부의 3획

필순 一 十 土 去 去

擧

훈음 들 거

단어
擧皆(거개) : 거의 다. 모두.
擧動(거동) : 행동하는 짓이나 태도. 몸가짐. 행동거지.

臼부의 11획

필순 ᇀ ᇀ′ 臼 臼 臼⺍ 與 與 擧

件

훈음 사건 건

단어
件數(건수) : 사건의 여러 가지 수.
事件(사건) : 관심을 가질 만한 일.

人부의 4획

필순 ノ 亻 亻 仁 仵 件

5급 배정한자 101

建
훈음 세울 건
단어 建國(건국) : 한 나라를 세움.
建設(건설) : 새로 만들어 세움.
필순 ㄱ ㅋ ㅋ ㅋ 聿 垆 建 建

丈부의 6획

健
훈음 굳셀 건
단어 健康(건강) : 몸의 상태가 순조로움. 병이 없음. 튼튼함.
健全(건전) : 튼튼하고 온전함.
필순 亻 亻 伊 伊 伊 信 律 健 健

人부의 9획

格
훈음 격식 격
단어 格式(격식) : 격에 어울리는 법식.
格言(격언) : 사리에 맞아 교훈이 될 만한 짧은 말. 금언.
필순 十 十 扌 杉 杦 柊 格 格

木부의 6획

見
훈음 볼 견
단어 見聞(견문) : 보고 들음. 또는 그 지식. 문견.
見學(견학) : 실제로 보고 배움.
필순 l 冂 冃 月 目 貝 見

見부의 0획

決

水부의 4획

- **훈음**: 결단할 결
- **단어**:
  - 決死(결사) : 죽기를 각오함.
  - 決意(결의) : 뜻을 정함.
- **필순**: 丶 冫 氵 汀 汩 decisions 決

結

糸부의 6획

- **훈음**: 맺을 결
- **단어**:
  - 結果(결과) : 열매를 맺음. 원인에 의해 이루어진 결말.
  - 結婚(결혼) : 부부 관계를 맺음.
- **필순**: 乙 幺 糸 紅 紝 絬 結 結

景

日부의 8획

- **훈음**: 풍경 경
- **단어**:
  - 景觀(경관) : 경치. 특색 있는 풍경을 가진 일정한 지역.
  - 景致(경치) : 자연의 아름다운 모습.
- **필순**: 丨 冂 日 早 昙 昙 景 景

敬

攵부의 9획

- **훈음**: 공경할 경
- **단어**:
  - 敬老(경로) : 노인을 공경함.
  - 敬愛(경애) : 존경하며 귀애함.
- **필순**: 丨 艹 艹 艻 苟 茍 敬 敬

5급 배정한자

輕
車부의 7획

훈음 가벼울 경

단어
輕重(경중) : 가벼움과 무거움.
輕快(경쾌) : 가뜬하고 상쾌함.

필순 一 厂 闩 白 亘 車 車 軒 輕 輕 輕

競
立부의 15획

훈음 다툴 경

단어
競技(경기) : 기술이나 능력을 겨룸. 운동경기의 약칭.
競爭(경쟁) : 서로 우위에 서려고 다툼.

필순 亠 亠 立 音 竞 竞 竞 競 競

考
老부의 2획

훈음 생각할 고

단어
考古(고고) : 옛것을 상고함.
考慮(고려) : 생각하여 헤아림.

필순 一 十 土 耂 耂 考

告
口부의 4획

훈음 알릴 고

단어
告白(고백) : 숨김없이 솔직하게 말함.
警告(경고) : 주의하라고 경계하여 타이름.

필순 丿 ㅗ 十 牛 吿 告 告

口부의 5획

(훈음) 굳을 고
(단어) 固守(고수) : 굳게 지킴.
固有(고유) : 본디부터 가지고 있음.
(필순) 丨 冂 冃 冋 冏 周 周 固

曰부의 2획

(훈음) 굽을 곡
(단어) 曲調(곡조) : 가사나 음악 등의 가락.
曲解(곡해) : 사실과 어긋나게 잘못 이해됨.
(필순) 丨 冂 冂 曲 曲 曲

辶부의 9획

(훈음) 지날 과
(단어) 過失(과실) : 실수. 잘못.
過程(과정) : 일이 되어가는 경로.
(필순) 冂 冂 円 咼 咼 渦 過 過

言부의 8획

(훈음) 매길 과
(단어) 課稅(과세) : 세금을 매김. 또는 그 세금.
課業(과업) : 일을 부과함. 또는 부과된 일이나 학업.
(필순) 亠 冫 言 訂 評 評 課 課

5급 배정한자

關
門부의 11획

- **훈음**: 빗장 관
- **단어**:
  - 關係(관계): 두 가지 이상이 서로 관련이 있음.
  - 關心(관심): 어떤 것에 끌리는 마음.
- **필순**: 冂 冋 門 門 閈 關 關 關

關

觀
見부의 18획

- **훈음**: 볼 관
- **단어**:
  - 觀客(관객): 구경하는 사람. 관람객.
  - 觀望(관망): 멀리 바라봄.
- **필순**: 丶 一 廾 芦 萉 萑 觀 觀

廣
广부의 12획

- **훈음**: 넓을 광
- **단어**:
  - 廣告(광고): 널리 알림.
  - 廣場(광장): 너른 마당. 너른 빈 터.
- **필순**: 亠 广 庐 庐 庠 廗 庿 廣

廣

橋
木부의 12획

- **훈음**: 다리 교
- **단어**:
  - 橋脚(교각): 다리의 몸체를 받치는 기둥.
  - 陸橋(육교): 육상이나 계곡 등을 건너기 위해 놓은 다리.
- **필순**: 十 才 村 杯 栴 梋 橋 橋

具
八부의 6획

훈음 갖출 구

단어
具備(구비) : 빠진 것 없이 고루 갖춤.
具色(구색) : 여러 가지 물건을 고루 갖춤.

필순 丨 冂 冃 月 目 且 具 具

救
攵부의 7획

훈음 구원할 구

단어
救國(구국) : 나라를 위기에서 건짐.
救命(구명) : 당장의 위급을 구함.

필순 十 扌 求 求 求 求 救 救

舊
臼부의 12획

훈음 옛 구

단어
舊面(구면) : 안 지 오래된 얼굴.
舊式(구식) : 옛 양식이나 방식.

필순 丶 艹 艹 薩 藋 舊 舊 舊

局
尸부의 4획

훈음 부분 국

단어
局所(국소) : 전체 가운데 일부분.
局地(국지) : 한정된 한 구역의 땅.

필순 一 ユ 尸 局 局 局 局

5급 배정한자

貴
貝부의 5획

- **훈음**: 귀할 귀
- **단어**:
  - 貴賓(귀빈) : 신분이 높은 손님.
  - 貴重(귀중) : 매우 소중함.
- **필순**: 一 口 口 中 虫 冉 貴 書 貴

規
見부의 4획

- **훈음**: 법 규
- **단어**:
  - 規格(규격) : 일정한 표준.
  - 規模(규모) : 본보기가 되는 제도. 규범. 물건의 크기.
- **필순**: 二 ᠵ 夫 規 規 規 規 規

給
糸부의 6획

- **훈음**: 줄 급
- **단어**:
  - 給料(급료) : 일급, 월급 따위 봉급.
  - 給食(급식) : 학교나 공장 등에서 식사를 제공해 줌.
- **필순**: 〈 幺 糸 糸 給 給 給

己
己부의 0획

- **훈음**: 자기 기
- **단어**:
  - 己身(기신) : 자기 몸. 자기 자신.
  - 自己(자기) : 그 사람 자신.
- **필순**: 一 コ 己

技
手부의 4획

훈음 재주 기

단어 技能(기능) : 손재주. 재능. 기술상의 재능.
技藝(기예) : 기술상의 재주. 예능.

필순 ー 十 才 才 打 抂 技

汽
水부의 4획

훈음 김 기

단어 汽笛(기적) : 증기의 힘으로 울리는 고동.
汽車(기차) : 증기의 힘으로 궤도 위를 달리는 차.

필순 丶 冫 氵 汽 汽 汽

基
土부의 8획

훈음 터 기

단어 基本(기본) : 사물의 기초와 근본.
基礎(기초) : 건물의 주춧돌.

필순 一 十 卄 甘 丼 其 基 基

期
月부의 8획

훈음 기약할 기

단어 期待(기대) : 믿고 기다림. 바라고 기다림.
期限(기한) : 미리 정한 시기.

필순 一 十 卄 甘 丼 其 期 期

5급 배정한자

吉	훈음	길할 길
口부의 3획	단어	吉運(길운) : 매우 길한 운수. 吉凶(길흉) : 좋은 일과 언짢은 일. 행복과 재앙.
	필순	一 十 士 吉 吉 吉

吉

念	훈음	생각할 념
心부의 4획	단어	念慮(염려) : 마음을 놓지 못함. 걱정하는 마음. 念願(염원) : 생각하고 바람.
	필순	ノ 人 人 今 今 念 念 念

念

能	훈음	능할 능
肉부의 6획	단어	能力(능력) : 할 수 있는 힘. 能辯(능변) : 말솜씨가 능란함. 또는 그 말.
	필순	

能

團	훈음	둥글 단
口부의 11획	단어	團束(단속) : 잡도리를 단단히 함. 團員(단원) : 어떤 단체의 구성원.
	필순	冂 冋 同 團 團 團 團 團

團

土부의 13획

- 훈음: 제터 단
- 단어:
  - 壇上(단상) : 교단이나 강단 등의 단 위.
  - 壇享(단향) : 단에서 지내는 제사를 일컬음.
- 필순: 土 扩 坛 坛 坛 壇 壇 壇

言부의 8획

- 훈음: 말씀 담
- 단어:
  - 談笑(담소) : 이야기와 웃음.
  - 談合(담합) : 서로 의논하여 의견을 일치시킴.
- 필순: 亠 言 言 言 言' 談 談 談

田부의 8획

- 훈음: 마땅할 당
- 단어:
  - 當選(당선) : 선거에서 뽑힘.
  - 當直(당직) : 근무 중에 숙직, 일직 등의 차례가 됨.
- 필순: 丨 ⺌ 𰀁 当 常 常 常 當

彳부의 12획

- 훈음: 덕 덕
- 단어:
  - 德分(덕분) : 남에게 어질고 고마운 짓을 베푸는 일.
  - 德性(덕성) : 어질고 너그러운 성질.
- 필순: 彳 彳 彳 彳 德 德 德 德

5급 배정한자

到 刀부의 6획

훈음: 이를 도
단어: 到達(도달) : 목적한 곳에 다다름.
到來(도래) : 이르러서 옴. 닥쳐 옴.
필순: 一 工 五 至 至 至 到 到

島 山부의 7획

훈음: 섬 도
단어: 島民(도민) : 섬에서 사는 사람.
島嶼(도서) : 크고 작은 섬들.
필순: 丿 冂 冖 ㊉ 鳥 鳥 島 島

都 邑부의 9획

훈음: 도읍 도
단어: 都心(도심) : 도회의 중심지.
都邑(도읍) : 서울.
필순: 十 土 耂 耂 者 者 者 都 都

獨 犬부의 13획

훈음: 홀로 독
단어: 獨立(독립) : 혼자의 힘으로 섬.
獨房(독방) : 혼자서 거처하는 방.
필순: 丿 犭 犭 犭 犭 獨 獨 獨

艸부의 9획

훈음 떨어질 락

단어 落望(낙망) : 희망이 없어짐.
落傷(낙상) : 넘어지거나 떨어져 다침.

필순 一 十 廾 艹 艾 芝 茨 茨 落 落

月부의 7획

훈음 밝을 랑

단어 朗讀(낭독) : 소리 높여 읽음. 맑은 소리로 명확히 읽음.
朗誦(낭송) : 소리를 높여 글을 외움.

필순 ` 丶 ㄱ ㅋ 彐 艮 良 良 朗 朗

冫부의 5획

훈음 찰 랭

단어 冷待(냉대) : 쌀쌀하게 대접함.
冷冷(냉랭) : 서늘하거나 태도가 쌀쌀한 상태.

필순 丶 冫 ⺀ 冷 冷 冷 冷

艮부의 1획

훈음 어질 량

단어 良順(양순) : 성격과 태도가 어질고 순함.
良書(양서) : 좋은 책. 훌륭한 책.

필순 ` 丶 ㄱ ㅋ 彐 艮 良 良

5급 배정한자

量
里부의 5획

훈음 헤아릴 량

단어
數量(수량) : 수효와 분량.
計量(계량) : 분량이나 무게 따위를 잼.

필순 丨 日 旦 早 昌 물 量 量

旅
方부의 6획

훈음 나그네 려

단어
旅客(여객) : 여행하는 손님. 나그네.
旅館(여관) : 나그네가 묵는 곳.

필순 亠 方 方 扩 於 旅 旅 旅

歷
止부의 12획

훈음 지낼 력

단어
歷史(역사) : 인류 사회의 변천과 흥망의 과정.
歷程(역정) : 거치어 밟아 온 과정.

필순 一 厂 厈 厤 厤 厯 歷 歷

練
糸부의 9획

훈음 익힐 련

단어
訓練(훈련) : 가르쳐서 어떤 일을 익히도록 함.
練習(연습) : 자꾸 되풀이하여 익힘.

필순 幺 糸 紅 紉 紳 絢 紳 練

令
人부의 3획

훈음 하여금 령

단어 令息(영식) : 남의 아들에 대한 경칭.
令愛(영애) : 남의 딸에 대한 경칭.

필순 ノ 人 스 今 令

領
頁부의 5획

훈음 거느릴 령

단어 領導(영도) : 거느려 이끎. 앞장서서 지도함.
領土(영토) : 한 나라의 통치권 지역.

필순 𠂉 今 今 今 領 領 領 領

勞
力부의 10획

훈음 일할 로

단어 勞苦(노고) : 괴롭게 애씀.
勞力(노력) : 힘을 씀.

필순 ⺍ ⺌ 炏 炏 炏 𤇾 𤇾 勞

料
斗부의 6획

훈음 헤아릴 료

단어 料金(요금) : 수수료로 주는 돈.
料理(요리) : 처리함. 음식을 조리함. 또는 그 음식.

필순 ⺀ ⺀ 二 半 米 米 料 料

流

水부의 7획

- **훈음**: 흐를 류
- **단어**:
  - 流覽(유람) : 전체를 죽 돌아보는 것.
  - 流浪(유랑) : 떠돌아 다님.
- **필순**: 氵 氵 汁 汸 浐 浐 流 流

類

頁부의 10획

- **훈음**: 무리 류
- **단어**:
  - 類例(유례) : 같거나 비슷한 예.
  - 類似(유사) : 서로가 비슷함.
- **필순**: 丷 屮 米 米 类 籵 類 類

陸

阝부의 8획

- **훈음**: 뭍 륙
- **단어**:
  - 陸軍(육군) : 육상의 전투를 맡은 군대.
  - 陸路(육로) : 육상의 길. 언덕길.
- **필순**: 阝 阝 阝 阡 陸 陸 陸 陸

馬

馬부의 0획

- **훈음**: 말 마
- **단어**:
  - 馬賊(마적) : 지난날 말을 타고 다니던 도적.
  - 馬車(마차) : 말이 끄는 수레.
- **필순**: 丨 厂 汇 馬 馬 馬 馬 馬

末 木부의 1획	**훈음** 끝 말
	단어 末期(말기) : 끝나는 시기. 말세. 末端(말단) : 맨 끄트머리.
	필순 一 二 キ 才 末

亡 亠부의 1획	**훈음** 망할 망
	단어 亡失(망실) : 없어짐. 잃어버림. 亡身(망신) : 자기의 지위, 명예, 체면을 망침.
	필순 丶 亠 亡

望 月부의 7획	**훈음** 바랄 망
	단어 望臺(망대) : 먼 곳을 바라보기 위해 만든 높은 건물. 望鄕(망향) : 고향을 그림.
	필순 亠 亡 切 甼 朢 望 望 望

買 貝부의 5획	**훈음** 살 매
	단어 買賣(매매) : 사고 팖. 買食(매식) : 음식을 사서 먹음.
	필순 冖 罒 罒 罒 罒 胃 胃 買

5급 배정한자

賣
貝부의 8획

훈음 팔 매

단어 賣渡(매도) : 팔아 넘김.
賣盡(매진) : 물건이 전부 팔림.

필순 十 士 声 声 声 壱 賣 賣

無
火부의 8획

훈음 없을 무

단어 無能(무능) : 재주가 없음. 쓸모 없음.
無形(무형) : 형상이나 형체가 없음.

필순 ノ ㅗ 二 仁 無 無 無 無

倍
人부의 8획

훈음 갑절 배

단어 倍達(배달) : 상고시대의 우리나라의 이름.
倍量(배량) : 갑절되는 양.

필순 亻 亻 亻 俨 伫 倍 倍 倍

法
水부의 5획

훈음 법 법

단어 法官(법관) : 재판관. 사법관.
法案(법안) : 법률의 원안.

필순 丶 氵 氵 汁 法 法 法

變
言부의 16획

훈음 변할 변

단어
變更(변경) : 바꾸어 고침.
變動(변동) : 상태가 움직여 변함.

필순 言 䜌 䜌 䜌 䜌 䜌 變 變

變

兵
八부의 5획

훈음 군사 병

단어
兵器(병기) : 전쟁에서 쓰는 모든 기구의 총칭.
兵士(병사) : 군사. 사병.

필순 ノ ′ ⼇ ⼇ 丘 乒 兵 兵

兵

福
示부의 9획

훈음 복 복

단어
福券(복권) : 추첨을 해서 큰 배당을 받게 되는 채권.
幸福(행복) : 흐뭇하도록 만족하여 불만이 없음.

필순 礻 礻 礻 礻 礻 福 福 福

福

奉
大부의 5획

훈음 받들 봉

단어
奉養(봉양) : 받들어 모심.
奉職(봉직) : 공무에 종사함.

필순 一 二 三 𡗗 夫 表 奉 奉

奉

5급 배정한자

士
士부의 0획

훈음 선비 사
단어 士官(사관) : 병사를 지휘하는 무관. 장교의 존칭.
士兵(사병) : 병사.
필순 一 十 士

仕
人부의 3획

훈음 벼슬할 사
단어 仕官(사관) : 관리가 되어 종사함.
奉仕(봉사) : 남을 위해 노력과 힘을 다해 친절히 보살핌.
필순 ノ イ 仁 什 仕

史
口부의 2획

훈음 역사 사
단어 史料(사료) : 역사 연구의 자료.
史實(사실) : 역사상 실제로 있던 일.
필순 丶 口 口 史 史

査
木부의 5획

훈음 조사할 사
단어 査定(사정) : 조사하여 결정함.
査察(사찰) : 조사하여 살핌.
필순 一 十 木 朩 朩 杳 杳 査

5급 배정한자

思
心부의 5획

훈음 생각할 사
단어 思念(사념) : 마음 속으로 생각함. 깊이 생각함, 생각.
思想(사상) : 생각이나 의견.
필순 丨 冂 冂 匝 田 甲 思 思

寫
宀부의 12획

훈음 베낄 사
단어 寫本(사본) : 옮기어 베낌. 또 베낀 책이나 서류.
寫眞(사진) : 카메라로 물체의 형상을 찍음.
필순 宀 宀 宀 宀 宁 宆 寫 寫

産
生부의 6획

훈음 낳을 산
단어 産卵(산란) : 알을 낳음.
産母(산모) : 해산한 어미.
필순 亠 立 产 产 产 产 産 産

相
目부의 4획

훈음 서로 상
단어 相談(상담) : 어떤 일에 대해 묻고 의논함.
相面(상면) : 처음으로 서로 만나서 알게 됨.
필순 一 十 才 木 朩 相 相 相

商	훈음	장사 상
口부의 8획	단어	商街(상가) : 상점이 많이 모인 곳. 商業(상업) : 장사하는 영업.
	필순	亠 立 产 产 产 商 商

賞	훈음	상줄 상
貝부의 8획	단어	賞金(상금) : 상으로 주는 돈. 賞狀(상장) : 상으로 주는 증서.
	필순	丶 ⺌ 严 半 尚 賞 賞

序	훈음	차례 서
广부의 4획	단어	序論(서론) : 머리말의 논설. 序列(서열) : 차례로 늘어섬.
	필순	丶 亠 广 广 庐 序

仙	훈음	신선 선
人부의 3획	단어	仙境(선경) : 신선이 있는 곳. 神仙(신선) : 선도를 닦아 도통한 사람.
	필순	丿 亻 仏 仙 仙

5급 배정한자

船
舟부의 5획

훈음 배 선

단어 船員(선원) : 선박 승무원.
船室(선실) : 선객이 쓰도록 된 배 속의 방.

필순 力 月 丹 舟 舟' 舟` 船 船

善
口부의 9획

훈음 착할 선

단어 善導(선도) : 올바른 길로 인도함.
善惡(선악) : 착함과 악함.

필순 ` ´ ⺷ 羊 羊 羊 善 善

選
辶부의 12획

훈음 가릴 선

단어 選拔(선발) : 여럿 중에 뽑아서 추려냄.
選定(선정) : 골라서 정함.

필순 ㄱ ㅁ 吅 甼 巽 巽 選 選

鮮
魚부의 6획

훈음 고울, 생선 선

단어 鮮明(선명) : 흐리멍덩한 점이 없이 분명함.
生鮮(생선) : 말리거나 절이지 않은 물고기.

필순 ⺈ 尒 帘 鱼 魚 魚' 鮮 鮮

說
言부의 7획

- **훈음**: 말씀 설
- **단어**:
  - 說得(설득) : 여러 가지로 설명하여 납득시킴.
  - 說明(설명) : 풀이하여 밝힘.
- **필순**: 丶 亠 言 言 言 訃 諪 諪 說

性
心부의 5획

- **훈음**: 성품 성
- **단어**:
  - 性格(성격) : 각 개인이 특별히 갖고 있는 감정.
  - 性品(성품) : 성질과 품격. 성질과 됨됨이.
- **필순**: 丶 丶 忄 忄 忄 忄 性 性

洗
水부의 6획

- **훈음**: 씻을 세
- **단어**:
  - 洗鍊(세련) : 서툴거나 어색한 데가 없음.
  - 洗濯(세탁) : 더러운 옷이나 피륙 따위를 씻는 일.
- **필순**: 丶 冫 氵 汁 汢 洗 洗 洗

歲
止부의 9획

- **훈음**: 해 세
- **단어**:
  - 歲暮(세모) : 세밑. 연말.
  - 歲拜(세배) : 그믐이나 정초에 웃어른에게 하는 인사.
- **필순**: 丨 止 止 止 产 歩 歳 歲 歲

5급 배정한자

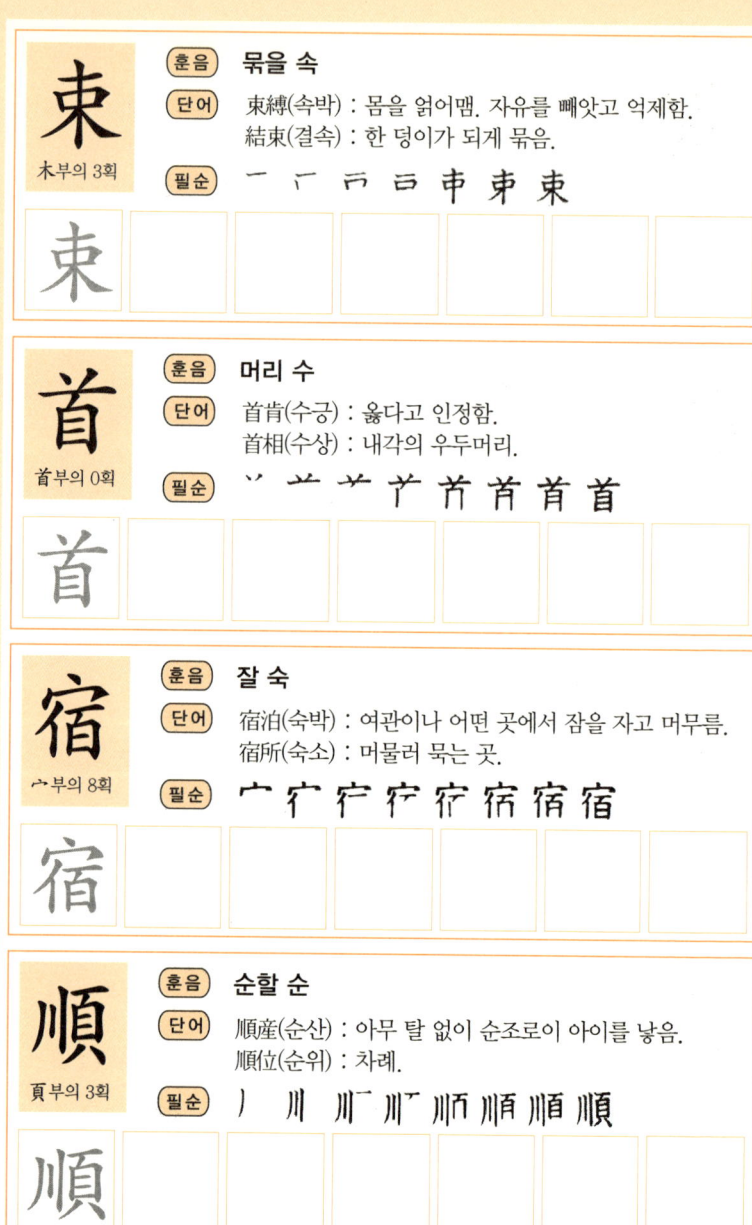

示

示부의 0획

- **훈음**: 보일 시
- **단어**:
  - 示範(시범) : 모범을 보여줌.
  - 示威(시위) : 위력이나 기세를 드러내 보임.
- **필순**: 一 二 于 亍 示 示

識

言부의 12획

- **훈음**: 알 식, 기록할 지
- **단어**:
  - 識別(식별) : 분별함.
  - 標識(표지) : 구별하여 알리는 데 필요한 표시나 특징.
- **필순**: 言 言 言 訝 諳 諳 識 識

臣

臣부의 0획

- **훈음**: 신하 신
- **단어**:
  - 奸臣(간신) : 간사한 신하.
  - 君臣(군신) : 임금과 신하.
- **필순**: 一 丆 臣 臣 臣 臣

實

宀부의 11획

- **훈음**: 열매 실
- **단어**:
  - 實物(실물) : 실제의 물체.
  - 實施(실시) : 실제로 시행함.
- **필순**: 宀 宀 宀 宀 宲 實 實 實

5급 배정한자

養
食부의 6획

- **훈음** 기를 양
- **단어** 養蜂(양봉) : 꿀을 받기 위하여 꿀벌을 기르는 일.
  養分(양분) : 영양이 되는 성분.
- **필순** 丷 ヾ 羊 羊 美 羔 養 養

魚
魚부의 0획

- **훈음** 물고기 어
- **단어** 魚物(어물) : 가공하여 말린 해산물.
  魚肉(어육) : 물고기와 짐승의 고기. 또는 물고기의 살.
- **필순** ⺈ ⺈ ⺈ 冂 刍 角 魚 魚

漁
水부의 11획

- **훈음** 고기잡을 어
- **단어** 漁民(어민) : 어업에 종사하는 백성.
  漁船(어선) : 고기잡이 하는 배.
- **필순** 氵 氵 汒 汋 洰 渔 漁 漁

億
人부의 13획

- **훈음** 억 억
- **단어** 億劫(억겁) : 불교에서 무한히 오랜 세월을 이름.
  億年(억년) : 매우 긴 세월.
- **필순** 亻 亻 俨 倍 億 億 億

5급 배정한자

熱
火부의 11획

- **훈음**: 더울 열
- **단어**:
  - 熱狂(열광) : 미친 듯이 열중함.
  - 熱情(열정) : 열렬한 사랑. 열중하는 마음.
- **필순**: 十 土 扌 幸 刲 刲 埶 埶 熱

葉
艸부의 9획

- **훈음**: 잎 엽
- **단어**:
  - 葉茶(엽차) : 차나무의 잎을 달여 만든 차.
  - 葉草(엽초) : 잎담배.
- **필순**: 艹 艹 产 芑 苹 苹 苹 葉 葉

屋
尸부의 6획

- **훈음**: 집 옥
- **단어**:
  - 家屋(가옥) : 사람이 사는 집.
  - 社屋(사옥) : 회사의 건물.
- **필순**: 一 コ 尸 尸 屋 屋 屋 屋

完
宀부의 4획

- **훈음**: 완전할 완
- **단어**:
  - 完成(완성) : 끝냄. 마침.
  - 完全(완전) : 부족한 것이 없음.
- **필순**: 丶 冖 宀 宀 宀 宇 完

要
西부의 3획

훈음: 중요할 요
단어:
要所(요소) : 긴요한 장소.
要點(요점) : 가장 중요한 점.
필순: 一 〒 襾 西 要 要 要

曜
日부의 14획

훈음: 빛날 요
단어:
曜日(요일) : 일주일 중의 하루.
曜曜(요요) : 빛나는 모양.
필순: 刂 日 日⁷ 日ᵞ 日ᵞᵞ 日ᵞᵞ 曜 曜

浴
水부의 7획

훈음: 목욕할 욕
단어:
沐浴(목욕) : 몸을 씻는 일.
浴槽(욕조) : 목욕할 수 있게 만든 곳.
필순: 氵 氵 氵 氵 浴 浴 浴 浴

牛
牛부의 0획

훈음: 소 우
단어:
牛馬(우마) : 소와 말.
牛乳(우유) : 암소의 젖. 밀크.
필순: ノ 亠 二 牛

5급 배정한자

友
又부의 2획

훈음 벗 우
단어 友軍(우군) : 자기편의 군대.
友邦(우방) : 가까이 지내는 나라.
필순 一 ナ 方 友

雨
雨부의 0획

훈음 비 우
단어 雨傘(우산) : 비올 때 머리 위에 받쳐 쓰는 우비.
雨天(우천) : 비가 오는 하늘.
필순 一 厂 厂 雨 雨 雨 雨 雨

雲
雨부의 4획

훈음 구름 운
단어 雲霧(운무) : 구름과 안개.
雲集(운집) : 구름 떼처럼 많이 모임.
필순 一 厂 雨 雨 雪 雲 雲 雲

雄
隹부의 4획

훈음 수컷 웅
단어 雄大(웅대) : 굉장히 큼. 웅장.
雄辯(웅변) : 조리가 있고 거침이 없이 잘하는 말.
필순 一 ナ 左 左 太 雄 雄 雄

元

- **훈음**: 으뜸 원
- **단어**:
  - 元氣(원기) : 만물의 근본의 힘. 사람의 정기.
  - 元來(원래) : 본디. 전부터.
- **필순**: 一 二 テ 元

儿 부의 2획

原

- **훈음**: 근원 원
- **단어**:
  - 原價(원가) : 처음 사들일 때의 값.
  - 原告(원고) : 소송을 걸어 재판을 일으킨 당사자.
- **필순**: 一 厂 厂 厉 盾 盾 原 原

厂 부의 8획

院

- **훈음**: 집 원
- **단어**:
  - 院內(원내) : 원자가 붙은 기관의 내부.
  - 院長(원장) : 관청이나 병원 등의 우두머리.
- **필순**: 〻 阝 阝 阝 阡 阡 陀 院

阜 부의 7획

願

- **훈음**: 원할 원
- **단어**:
  - 所願(소원) : 원함. 또 그 원하는 바.
  - 歎願(탄원) : 사정을 자세히 말하고 도와 주기를 바람.
- **필순**: 一 厂 盾 盾 原 原 願 願

頁 부의 10획

5급 배정한자

位
人부의 5획

훈음: 벼슬 위

단어:
位階(위계) : 계급, 지위의 등급.
位置(위치) : 놓여 있는 곳. 있는 처소. 자리. 지위.

필순: ノ 亻 亻' 亻ˊ 伫 位 位

偉
人부의 9획

훈음: 훌륭할 위

단어:
偉大(위대) : 크게 뛰어나고 훌륭함.
偉力(위력) : 위대한 힘.

필순: 亻 亻' 亻ˊ 伫 俉 偉 偉 偉

以
人부의 3획

훈음: 써 이

단어:
以往(이왕) : 그 전. 장래. 이후.
以前(이전) : 앞서. 얼마 전.

필순: 丨 丨ˊ 以 以 以

耳
耳부의 0획

훈음: 귀 이

단어:
耳鏡(이경) : 귓속을 조사하기 위해 들여다보는 거울.
耳目(이목) : 귀와 눈. 보는 것과 듣는 것.

필순: 一 丁 F F 王 耳

因
口부의 3획

- **훈음**: 인할 인
- **단어**:
  - 因果(인과) : 원인과 결과. 먼저 한 일의 갚음.
  - 因緣(인연) : 서로 알게 되는 기회.
- **필순**: 丨 冂 冂 円 因 因

任
人부의 4획

- **훈음**: 맡길 임
- **단어**:
  - 任命(임명) : 직무를 맡김.
  - 任用(임용) : 직무를 주어 부림. 관원에 등용함.
- **필순**: 丿 亻 亻 仁 任 任

再
冂부의 4획

- **훈음**: 다시 재
- **단어**:
  - 再起(재기) : 힘을 돌이켜 다시 일어남.
  - 再現(재현) : 두 번째 나타남.
- **필순**: 一 厂 丌 丙 再 再

材
木부의 3획

- **훈음**: 재목 재
- **단어**:
  - 材料(재료) : 물건을 만드는 감. 어떤 일을 할 거리.
  - 材木(재목) : 재료로 쓰는 나무.
- **필순**: 一 十 才 木 杧 村 材

赤
赤부의 0획

- **훈음** 붉을 적
- **단어** 赤旗(적기) : 붉은 깃발.
  赤色(적색) : 붉은 색.
- **필순** 一 十 土 耂 赤 赤 赤

的
白부의 3획

- **훈음** 과녁 적
- **단어** 目的(목적) : 지향하거나 실현하고자 하는 목표나 방향.
  的中(적중) : 목표에 들어맞음.
- **필순** ′ 亻 冂 白 白 白 的 的

典

八부의 6획

- **훈음** 법 전
- **단어** 典當(전당) : 토지, 가옥, 물품 등을 담보로 돈을 빌림.
  典法(전법) : 규칙. 법규.
- **필순** 丨 冂 巾 冊 曲 典 典 典

展
尸부의 7획

- **훈음** 펼 전
- **단어** 展開(전개) : 벌어져 열림. 활짝 폄.
  展望(전망) : 멀리 바라봄.
- **필순** ⊐ 尸 尸 屄 屈 展 展 展

傳
人부의 11획

훈음: 전할 전
단어: 傳記(전기) : 개인의 일생의 사적을 적은 기록.
傳說(전설) : 전해 오는 말.
필순: 亻 亻 伝 伊 伸 value 傳 傳

傳

切
刀부의 2획

훈음: 끊을 절, 온통 체
단어: 切感(절감) : 절실하게 느낌.
一切(일체) : 모든 것. 온갖 사물.
필순: 一 ヒ 切 切

切

節
竹부의 9획

훈음: 마디 절
단어: 節食(절식) : 음식을 조절하여 먹음.
節約(절약) : 낭비하지 않고 쓸 곳에만 가려 씀.
필순: ⺮ ⺮ 笳 笛 笳 筲 筯 節

節

店
广부의 5획

훈음: 가게 점
단어: 店房(점방) : 가게. 상점.
店員(점원) : 상점에 종사하는 고용인.
필순: 丶 一 广 广 庁 庁 店 店

店

情

- **훈음**: 뜻 정
- **단어**:
  - 情談(정담) : 정다운 이야기.
  - 感情(감정) : 마음에 느끼어 일어나는 정.
- **필순**: 丶 忄 忄 忄 忄 情 情 情

心부의 8획

停

- **훈음**: 머무를 정
- **단어**:
  - 停止(정지) : 움직임이 멈춤.
  - 停學(정학) : 어떠한 학생의 등교를 정지 시킴.
- **필순**: 亻 亻 广 俨 俨 停 停 停

人부의 9획

調

- **훈음**: 고를 조
- **단어**:
  - 調書(조서) : 조사하거나 취조한 서류.
  - 調律(조율) : 악기의 음을 각각 표준음에 맞춰 고르는 일.
- **필순**: 亠 言 言 言 訂 詗 調 調

言부의 8획

操

- **훈음**: 잡을 조
- **단어**:
  - 操業(조업) : 공장 등에서 기계를 움직여 일을 함.
  - 操鍊(조련) : 군대를 훈련함.
- **필순**: 扌 扌 扩 扩 押 挕 揱 操

手부의 13획

5급 배정한자

훈음 군사,마칠 졸
단어 卒業(졸업) : 일정한 규정의 학업을 마침.
卒兵(졸병) : 병사. 병졸.
필순 ` 亠 广 产 卆 夾 卒 卒

十부의 6획

훈음 끝낼 종
단어 終刊(종간) : 최후로 간행함. 간행을 끝 마침.
終局(종국) : 끝판. 종결.
필순 ㄥ 幺 糸 糹 紣 終 終 終

糸부의 5획

훈음 씨 종
단어 種子(종자) : 씨.
種別(종별) : 종류를 따라 구별함.
필순 ニ 千 禾 秄 稆 稃 種 種

禾부의 9획

훈음 허물 죄
단어 罪悚(죄송) : 죄스럽고 황송함.
罪惡(죄악) : 죄가 될 만한 악한 것.
필순 冂 罒 罒 罪 罪 罪 罪 罪

网부의 8획

州
《《부의 3획

훈음 고을 주
단어 州境(주경) : 주의 경계. 주계.
州處(주처) : 백성이 모여 사는 일.
필순 ` ノ ソ ハ 州 州 州

週
辶부의 8획

훈음 돌 주
단어 一週(일주) : 한 바퀴를 돎. 일 주일.
週期(주기) : 한 바퀴를 도는 시기.
필순 几 円 用 周 周 `周 调 週

止
止부의 0획

훈음 그칠 지
단어 禁止(금지) : 어떤 짓을 말려서 못하게 함.
中止(중지) : 중도에서 못하게 함.
필순 丨 ㅏ ㅏ 止

知
矢부의 3획

훈음 알 지
단어 知覺(지각) : 앎. 깨달음.
知人(지인) : 사람의 됨됨이를 알아봄. 알고 있는 사람.
필순 ノ ㄴ 두 矢 矢 知 知

5급 배정한자

責

훈음: 꾸짖을 책

단어:
責務(책무) : 책임과 임무.
責任(책임) : 맡아 해야 할 의무.

貝부의 4획

필순: 一 十 丰 主 責 責 責 責

鐵

훈음: 쇠 철

단어:
鐵甲(철갑) : 철로 만든 갑옷.
鐵拳(철권) : 쇠같이 굳은 주먹.

金부의 13획

필순: 矣 鈩 鈷 鉎 鐼 鐵 鐵 鐵

初

훈음: 처음 초

단어:
初期(초기) : 맨 처음으로 비롯되는 시기. 또는 그 동안.
初面(초면) : 처음으로 대해 봄.

刀부의 5획

필순: ᅳ ラ ネ ネ ネ 初 初

最

훈음: 가장 최

단어:
最高(최고) : 가장 높음.
最近(최근) : 요사이. 근래.

日부의 8획

필순: 丶 冂 日 是 昰 最 最 最

5급 배정한자

祝
示부의 5획

훈음 빌 축

단어 祝文(축문) : 제사 때 신명에게 읽어 고하는 글.
祝賀(축하) : 경사를 치하하는 일.

필순 丁 千 千 斤 剂 沪 祀 祝

充
几부의 4획

훈음 가득할 충

단어 充當(충당) : 모자라는 것을 채워서 메움.
充分(충분) : 부족함이 없음.

필순 丶 亠 土 去 产 充

致
至부의 4획

훈음 이를 치

단어 致死(치사) : 죽음에 이르게 함.
致謝(치사) : 고맙다고 사례함.

필순 厂 厎 至 至 至 致 致 致

則
刀부의 7획

훈음 법칙 칙, 곧 즉

단어 規則(규칙) : 여러 사람이 다같이 지키기로 한 법칙.
言則是也(언즉시야) : 말인 즉 사리에 맞음.

필순 冂 冃 月 目 貝 貝 則 則

打

手부의 2획

- **훈음**: 칠 타
- **단어**:
  - 打倒(타도) : 때려 거꾸러뜨림. 쳐서 부수어 버림.
  - 打殺(타살) : 때려서 죽임. 박살.
- **필순**: 一 十 扌 扌 打

他

人부의 3획

- **훈음**: 다를 타
- **단어**:
  - 他意(타의) : 다른 생각. 딴마음.
  - 他鄕(타향) : 자기 고향이 아닌 다른 고장.
- **필순**: 丿 亻 亻 仲 他

卓

十부의 6획

- **훈음**: 높을 탁
- **단어**:
  - 卓見(탁견) : 뛰어난 의견이나 견해. 고견.
  - 卓子(탁자) : 서랍 없이 책상 모양으로 만든 세간.
- **필순**: 丶 卜 占 占 卓 卓

炭

火부의 5획

- **훈음**: 숯 탄
- **단어**:
  - 石炭(석탄) : 땅속에 매장된 연료.
  - 炭水(탄수) : 탄소와 수소.
- **필순**: 丶 屮 屵 岸 岸 炭 炭 炭

5급 배정한자

宅
宀부의 3획

- **훈음**: 집 택
- **단어**:
  - 宅地(택지) : 집을 지을 터.
  - 宅舍(택사) : 사람이 사는 집.
- **필순**: 丶 丷 宀 宅 宅 宅

板
木부의 4획

- **훈음**: 널조각 판
- **단어**:
  - 板子(판자) : 나무로 만든 널빤지.
  - 板刻(판각) : 그림이나 글씨 따위를 나무조각에 새김.
- **필순**: 一 十 才 木 朽 板 板 板

敗
攴부의 7획

- **훈음**: 패할 패
- **단어**:
  - 敗北(패배) : 싸움이나 경기에서 짐.
  - 敗德(패덕) : 도덕과 의리를 그르침. 인도를 등짐.
- **필순**: ㅣ 冂 目 貝 貝 財 敗 敗

品
口부의 6획

- **훈음**: 물건 품
- **단어**:
  - 品種(품종) : 물품의 종류.
  - 品質(품질) : 물품의 성질.
- **필순**: ㅣ 冂 口 吕 品 品 品 品

必
心부의 1획

훈음 반드시 필

단어
必須(필수) : 꼭 필요로 함.
必勝(필승) : 꼭 이김. 반드시 이김.

필순 丶 ソ 必 必 必

筆
竹부의 6획

훈음 붓 필

단어
筆記(필기) : 글씨를 써서 기록함.
筆舌(필설) : 붓과 혀. 곧 글과 말.

필순 丿 𠂉 𥫗 竺 竺 竽 筀 筆

河
水부의 5획

훈음 물 하

단어
河口(하구) : 강물이 바다로 흘러드는 어귀.
河川(하천) : 시내. 강.

필순 丶 丶 氵 氵 沪 沪 河 河

寒
宀부의 9획

훈음 찰 한

단어
寒氣(한기) : 병적으로 느끼는 으스스함.
寒冷(한랭) : 몹시 추움.

필순 宀 宀 宀 寁 寍 寒 寒 寒

5급 배정한자

害

훈음: 해칠 해

단어:
害蟲(해충) : 동식물체에 해가 되는 벌레.
加害(가해) : 남에게 해를 줌.

宀부의 7획

필순: 丶 宀 宀 宀 害 害 害 害

許

훈음: 허락할 허

단어:
許諾(허락) : 소청을 들어줌. 승낙함.
許容(허용) : 허락하고 용납함.

言부의 4획

필순: 一 三 言 言 言 許 許 許

湖

훈음: 호수 호

단어:
湖南(호남) : 전라남북도를 일컫는 말.
湖畔(호반) : 호숫가. 호수의 수면.

水부의 9획

필순: 氵 氵 汁 泔 沽 湖 湖 湖

化

훈음: 될 화

단어:
化身(화신) : 형체를 달리하여 세상에 나타난 몸.
化粧(화장) : 얼굴을 곱게 꾸밈.

匕부의 2획

필순: 丿 亻 亻 化

훈음 근심 환

단어
患部(환부) : 병에 걸린 부분.
患者(환자) : 병을 앓는 사람. 병자.

心부의 7획

필순 丨 口 口 吕 吕 串 串 患 患

훈음 본받을 효

단어
效率(효율) : 효과의 비율.
效驗(효험) : 보람. 이로운 점. 효력.

攵부의 6획

필순 亠 亠 六 亠 交 校 效 效

훈음 흉할 흉

단어
凶惡(흉악) : 성질이 몹시 악함.
凶年(흉년) : 곡식이 되지 않은 해.

凵부의 2획

필순 丿 乂 㐅 凶

훈음 검을 흑

단어
黑幕(흑막) : 사건 이면의 인물. 또는 내용.
黑心(흑심) : 음흉하고 부정한 마음.

黑부의 0획

필순 丨 口 冂 回 甲 里 黑 黑

5급 배정한자

6장

4급 II 배정한자

假
人 부의 9획

훈음 거짓 가

단어
假飾(가식) : 거짓 꾸밈.
假定(가정) : 임시로 정함.

필순 亻 亻 亻 亻 亻 亻 假 假

街
行 부의 6획

훈음 거리 가

단어
街路(가로) : 도시의 넓은 길.
街路燈(가로등) : 거리를 밝히는 전등.

필순 丿 彳 彳 彳 徍 徍 街 街

減
水 부의 9획

훈음 덜 감

단어
減少(감소) : 줄어서 적어짐.
減員(감원) : 인원을 줄임.

필순 丶 氵 氵 氵 沪 沪 減 減 減

監
皿 부의 9획

훈음 볼 감

단어
監督(감독) : 감시하여 감독함. 또는 그 일을 하는 사람.
監査(감사) : 감독하고 검사함.

필순 丨 卩 卩 臣 臣 臤 監 監

康
广 부의 8획

- **훈음**: 편안할 강
- **단어**:
  - 康寧(강녕) : 편안함. 우환이 없음.
  - 健康(건강) : 정신적 육체적으로 튼튼함.
- **필순**: 丶 亠 广 庐 庐 庚 康 康

講
言 부의 10획

- **훈음**: 익힐 강
- **단어**:
  - 講義(강의) : 글이나 학설의 뜻을 강설함.
  - 講習(강습) : 학문, 예술을 연구, 학습·지도 하는 일.
- **필순**: 氵 言 訁 評 詳 講 講 講

個
人 부의 8획

- **훈음**: 낱 개
- **단어**:
  - 個性(개성) : 개개인이 가지고 있는 특유의 성질.
  - 個體(개체) : 낱낱의 물체.
- **필순**: 亻 亻 们 们 侗 侗 個 個

檢
木 부의 13획

- **훈음**: 검사할 검
- **단어**:
  - 檢査(검사) : 실상을 조사하여 시비, 우열 등을 판정함.
  - 檢索(검색) : 검사하여 찾음.
- **필순**: 十 木 朳 杦 柃 检 檢 檢

4급Ⅱ 배정한자

缺
缶 부의 4획

훈음: 이지러질 결

단어:
缺格(결격) : 필요한 자격이 결여됨.
缺勤(결근) : 마땅히 나가야 될 날에 출근하지 아니함.

필순: ㇒ ㇒ 午 缶 缶 缶ㄱ 缺 缺

潔
水 부의 12획

훈음: 깨끗할 결

단어:
潔白(결백) : 맑고 흼. 마음이 깨끗하여 켕기는 데가 없음.
淸潔(청결) : 맑고 깨끗함.

필순: 氵 氵 汃 浐 浐 潔 潔 潔

經
糸 부의 7획

훈음: 경서 경

단어:
經過(경과) : 일이 진행되는 과정.
經書(경서) : 유교의 가르침을 쓴 서적.

필순: 乀 幺 糸 紅 紅 經 經 經

警
言 부의 13획

훈음: 경계할 경

단어:
警覺(경각) : 경계하여 깨닫게 함.
警告(경고) : 경계하도록 알림.

필순: 艹 艿 茍 茍 敬 敬 警 警

境
土 부의 11획

훈음: 지경 경

단어:
境內(경내) : 일정한 지역의 안. 구역 안.
境界(경계) : 일이나 물건이 어떤 표준 밑에 맞닿는 자리.

필순: 十 扌 扩 圹 垃 垃 培 培 境

慶
心 부의 11획

훈음: 경사 경

단어:
慶事(경사) : 경축할 만한 일.
慶祝(경축) : 경사를 축하함.

필순: 亠 广 庐 庐 庐 庐 廖 慶

係
人 부의 7획

훈음: 걸릴 계

단어:
係員(계원) : 한 부서의 계에서 사무를 갈라 맡아 보는 사람.
關係(관계) : 사람들 사이나, 동작·사물·현상 사이의 연관.

필순: 亻 亻 伊 伊 佢 係 係 係

故
攴 부의 5획

훈음: 까닭 고

단어:
故國(고국) : 남의 나라에 가서 자기 나라를 일컫는 말.
故意(고의) : 일부러 한 행위.

필순: 十 古 古 古 古 故 故 故

4급Ⅱ 배정한자

宮

宀부의 7획

- **훈음**: 집 궁
- **단어**:
  - 宮闕(궁궐) : 임금이 거처하는 집.
  - 宮中(궁중) : 대궐 안.
- **필순**: 丶 宀 宀 宁 宮 宮 宮 宮

權

木부의 18획

- **훈음**: 권세 권
- **단어**:
  - 權能(권능) : 권리를 주장하고 행사할 수 있는 능력.
  - 權勢(권세) : 남을 굴복시키는 힘.
- **필순**: 木 木' 朴 權 權 權 權 權

極

木부의 9획

- **훈음**: 다할 극
- **단어**:
  - 極口(극구) : 온갖 말을 다하여.
  - 極度(극도) : 궁극의 한도. 더할 나위 없이 극심한 정도.
- **필순**: 十 木 朽 柯 柯 極 極 極

禁

示부의 8획

- **훈음**: 금할 금
- **단어**:
  - 禁慾(금욕) : 욕심을 금함.
  - 禁斷(금단) : 어떤 행위를 못하게 막음.
- **필순**: 十 木 村 林 埜 埜 禁 禁

4급Ⅱ 배정한자

起
走부의 3획

훈음: 일어날 기

단어:
起工(기공) : 일을 시작함.
起動(기동) : 몸을 일으켜 움직임. 기관이 운전을 시작함.

필순: ㅏ ㅗ ㅕ ㅕ 走 走 起 起

器
口부의 13획

훈음: 그릇 기

단어:
器機(기기) : 기구. 기계의 총칭.
器量(기량) : 재능과 덕량.

필순: ㅁ ㅁㅁ ㅁㅁ 뜨 哭 哭 器 器

暖
日부의 9획

훈음: 따뜻할 난

단어:
溫暖(온난) : 날씨가 따뜻함.
暖爐(난로) : 난방 기구의 하나.

필순: ㅐ 日 日 日 日 暖 暖 暖

難
隹부의 11획

훈음: 어려울 난

단어:
難局(난국) : 어려운 고비.
困難(곤란) : 처치하기 어려움. 생활이 궁핍함.

필순: 一 艹 苩 莒 莫 剪 剪 難

努
力부의 5획

- **훈음**: 힘쓸 노
- **단어**:
  - 努力(노력) : 힘들여 애를 씀. 힘을 다해 애써 일함.
  - 努目(노목) : 눈을 부라림.
- **필순**: 乚 乨 女 女⁷ 奴 努 努

怒
心부의 5획

- **훈음**: 성낼 노
- **단어**:
  - 怒氣(노기) : 성낸 얼굴빛.
  - 怒濤(노도) : 무섭게 밀려오는 큰 물결.
- **필순**: 乚 乨 女 女⁷ 奴 奴 怒 怒

單
口부의 9획

- **훈음**: 홀 단
- **단어**:
  - 單色(단색) : 한 가지 빛.
  - 單語(단어) : 문법상의 뜻. 언어의 기능상 최소 단위.
- **필순**: 口 口口 口口 円 円 号 昌 單

端
立부의 9획

- **훈음**: 바를 단
- **단어**:
  - 端正(단정) : 얌전하고 바르다.
  - 端緒(단서) : 일의 처음. 일의 실마리.
- **필순**: 丶 立 立' 立ㅛ 立ㅛ 立ㅛ 端 端

4급Ⅱ 배정한자

檀
木부의 13획

훈음 박달나무 단

단어
檀木(단목) : 자작나뭇과에 속하는 낙엽 교목. 박달나무.
檀紀(단기) : 단군의 기원.

필순 十 木 朾 栌 栖 梎 檀 檀

斷
斤부의 14획

훈음 끊을 단

단어
斷念(단념) : 품었던 생각을 버림.
斷食(단식) : 먹기를 끊음.

필순 ㄴ 쑈 丝 부 丝 釜 斷 斷

達
辶부의 9획

훈음 통할 달

단어
達辯(달변) : 썩 능란한 변설.
達成(달성) : 목적한 바를 이루게 함.

필순 十 土 去 幸 幸 幸 達 達

擔
手부의 13획

훈음 맡을 담

단어
擔當(담당) : 일을 맡아함.
擔任(담임) : 책임지고 맡아봄.

필순 十 扌 扩 扩 扩 护 擔 擔

黨
黑부의 8획

훈음 무리 당
단어 黨論(당론) : 당의 의견이나 의론.
黨首(당수) : 한 당의 우두머리.
필순 ⋯ ⋯ 当 尚 尚 常 黨 黨

帶
巾 부의 8획

훈음 띠 대
단어 帶同(대동) : 함께 데리고 감.
地帶(지대) : 한정된 땅의 구역.
필순 一 十 卄 丗 丗 带 帶 帶

隊
阜부의 9획

훈음 떼 대
단어 隊列(대열) : 대를 지어 늘어선 행렬.
隊員(대원) : 무리의 구성원.
필순 ㄱ 阝 阝 阝 阱 阱 隊 隊

導
寸 부의 13획

훈음 인도할 도
단어 導線(도선) : 전기가 흐르도록 하는데 쓰이는 쇠붙이 줄.
善導(선도) : 올바른 길로 인도함.
필순 ⋯ 首 首 道 道 道 導 導

毒
母부의 4획

훈음 독 독

단어
毒氣(독기) : 독이 있는 기운.
毒物(독물) : 독이 있는 물건.

필순 一 十 ㄫ 主 圭 声 青 毒

毒

督
目부의 8획

훈음 살필 독

단어
督勵(독려) : 감독하며 격려함.
督促(독촉) : 빨리 하도록 재촉함.

필순 丨 卜 ナ 朩 叔 叔 督 督

督

銅
金부의 6획

훈음 구리 동

단어
銅鏡(동경) : 구리쇠로 만든 거울.
銅像(동상) : 구리쇠로 만든 동물이나 사람의 형상.

필순 人 삼 午 金 釤 銅 銅 銅

銅

斗
斗부의 10획

훈음 말 두

단어
斗量(두량) : 되나 말로 곡식을 되어서 셈.
斗護(두호) : 남을 두둔하여 보호함.

필순 丶 冫 三 斗

斗

豆
豆부의 0획

훈음: 콩 두
단어:
豆類(두류) : 콩과에 속하는 식물의 종류.
豆油(두유) : 콩기름.
필순: 一 亠 丌 豆 豆 豆 豆

得
彳부의 8획

훈음: 얻을 득
단어:
得男(득남) : 아들을 낳음.
所得(소득) : 자기의 것이 됨.
필순: 彳 彳 彳 得 得 得 得 得

燈
火부의 12획

훈음: 등잔 등
단어:
燈盞(등잔) : 등불을 켜는 그릇.
燈燭(등촉) : 등불과 촛불.
필순: 火 火 火 火 火 火 燈 燈

羅
罒부의 14획

훈음: 벌일, 그물 라
단어:
羅列(나열) : 죽 줄을 지음. 죽 벌여 놓음.
網羅(망라) : 큰 그물과 작은 그물. 모두 빠짐 없이 몰아들임.
필순: 罒 罒 罒 罗 罗 罗 罗 羅

4급 II 배정한자

兩
入부의 6획

- **훈음**: 두 량
- **단어**:
  - 兩家(양가) : 두 집. 양편 집.
  - 兩親(양친) : 부모. 아버지와 어머니.
- **필순**: 一 ㄒ 厂 币 币 丙 兩 兩

麗
鹿부의 8획

- **훈음**: 고울 려
- **단어**:
  - 麗句(여구) : 아름답게 표현된 문구.
  - 秀麗(수려) : 경치나 용모가 빼어나게 아름다움.
- **필순**: 一 ㄇ 丙丙 严 严 麗 麗 麗

連
辶부의 7획

- **훈음**: 이을 련
- **단어**:
  - 連發(연발) : 계속하여 발생함. 총 따위를 연달아 쏨.
  - 連續(연속) : 연달아 계속함.
- **필순**: 一 ㄇ 戶 百 車 車 連 連

列
刀부의 4획

- **훈음**: 벌릴 렬
- **단어**:
  - 列擧(열거) : 실례나 사실들을 죽 들어서 말함.
  - 列島(열도) : 연달아 있는 섬.
- **필순**: 一 ㄕ 歹 歹 列 列

錄
金부의 8획

훈음 기록할 록

단어
錄音(녹음) : 소리를 기록함.
記錄(기록) : 적음. 어떠한 일을 적은 서류.

필순 스 午 金 釒 釒 鈩 錚 錄

論
言부의 8획

훈음 논할 론

단어
論難(논란) : 잘못을 논하여 비난함.
論理(논리) : 사물에 대한 논리, 논증의 이치.

필순 ㅡ 言 言 訃 訟 諭 論 論

留
田부의 5획

훈음 머무를 류

단어
留念(유념) : 마음에 기억해 둠.
留學(유학) : 다른 지방이나 외국에 머물면서 공부를 함.

필순 ⺃ ⺃ ㆍ ㆍ 卯 卯 卯 留 留

律
彳부의 6획

훈음 법률 률

단어
律動(율동) : 규칙적인 운동. 음률의 곡조.
規律(규율) : 일정한 질서나 차례.

필순 ㇀ 彳 彳 行 行 伊 律 律 律

4급 II 배정한자

滿
水부의 11획

훈음 찰 만

단어 滿了(만료) : 한도가 꽉차서 끝남.
滿員(만원) : 정원이 꽉참.

필순 氵 氵 汁 汁 沽 浩 満 滿

滿

脈
肉부의 6획

훈음 줄기 맥

단어 脈絡(맥락) : 혈맥의 연락.
脈搏(맥박) : 염통의 운동에 따라 뛰는 맥.

필순 ノ 刀 月 肝 胪 胪 脈 脈

脈

毛
毛부의 0획

훈음 털 모

단어 毛管(모관) : 모세관의 약칭.
毛根(모근) : 털이 피부에 박힌 부분.

필순 ノ 二 三 毛

毛

牧
牛부의 4획

훈음 칠 목

단어 牧童(목동) : 말이나 소를 먹이는 아이.
牧馬(목마) : 기르고 있는 말. 방목하는 말.

필순 ノ 一 十 牛 牜 牧 牧 牧

牧

武
止부의 4획

- **훈음**: 굳셀 무
- **단어**:
  - 武器(무기) : 전쟁에 쓰는 병기.
  - 武士(무사) : 군사에 종사하는 사람.
- **필순**: 一 二 亍 干 正 正 武 武

務
力부의 9획

- **훈음**: 일 무
- **단어**:
  - 勤務(근무) : 직무에 종사함.
  - 義務(의무) : 마땅히 해야할 일. 곧 맡은 직분.
- **필순**: マ ㄕ 予 矛 矛 敄 務 務

未
木부의 1획

- **훈음**: 아닐 미
- **단어**:
  - 未決(미결) : 아직 결정하지 못함.
  - 未收(미수) : 다 거두지 못함.
- **필순**: 一 二 キ 未 未

味
口부의 5획

- **훈음**: 맛 미
- **단어**:
  - 味感(미감) : 맛을 느끼는 감각.
  - 珍味(진미) : 음식의 썩 좋은 맛. 또는 그러한 음식물.
- **필순**: 丨 冂 口 口一 口二 吽 味 味

4급 II 배정한자

密 宀부의 8획

훈음: 빽빽할 밀

단어:
密林(밀림): 빽빽이 들어선 수풀.
密語(밀어): 비밀스러운 말. 넌지시 하는 말.

필순: 宀 宀 灾 宓 宓 宓 密 密

博 十부의 10획

훈음: 넓을 박

단어:
博士(박사): 학문이 훌륭한 학자.
博愛(박애): 온 사람을 널리 평등하게 사랑함.

필순: 十 尃 甫 甫 博 博 博 博

防 阜부의 4획

훈음: 막을 방

단어:
防共(방공): 공산주의가 못 들어오게 막음.
防犯(방범): 범죄가 생기지 않게 막음.

필순: ㄱ ㄅ ㅏ ㅏ' ㅏ亠 防 防

房 戶부의 4획

훈음: 방 방

단어:
房門(방문): 방으로 드나들거나 방에 딸려 있는 문.
房貰(방세): 방을 빌린 세.

필순: 丶 亠 戶 戶 戶 房 房 房

訪
言 부의 4획

- **훈음**: 찾을 방
- **단어**:
  - 訪問(방문) : 남을 찾아봄.
  - 探訪(탐방) : 어떤 일의 진상을 알기 위해 찾아봄.
- **필순**: 丶 亠 亠 言 言 訁 訪 訪

背
肉 부의 5획

- **훈음**: 등 배
- **단어**:
  - 背德(배덕) : 도덕에 상반된 행위.
  - 背反(배반) : 믿음과 의리를 저버리고 돌아옴.
- **필순**: 一 丨 オ 丬 北 北 背 背 背

拜
手 부의 5획

- **훈음**: 절 배
- **단어**:
  - 拜禮(배례) : 절하는 예. 절을 함.
  - 拜謁(배알) : 삼가 만나 뵈옴.
- **필순**: 一 二 三 手 手 拝 拝 拜 拜

配
酉 부의 3획

- **훈음**: 짝, 나눌 배
- **단어**:
  - 配達(배달) : 물건을 가져다 줌. 또는 그 사람.
  - 配偶(배우) : 부부로서 알맞은 짝.
- **필순**: 一 厂 兀 丙 西 酉 酉 配 配

4급 II 배정한자

伐
人부의 4획
- **훈음**: 칠 벌
- **단어**:
  - 伐木(벌목): 나무를 벰.
  - 伐草(벌초): 봄, 가을 두 차례 무덤의 잡초를 베는 일.
- **필순**: ノ 亻 亻 代 伐 伐

罰
网부의 9획
- **훈음**: 벌 벌
- **단어**:
  - 罰責(벌책): 처벌하여 꾸짖음.
  - 罰則(벌칙): 죄를 범한 자의 처벌 규칙.
- **필순**: 罰

壁
土부의 13획
- **훈음**: 바람벽 벽
- **단어**:
  - 壁報(벽보): 벽에 쓰거나 또는 붙여서 알리는 것.
  - 城壁(성벽): 성곽의 벽.
- **필순**: 壁

邊
辶부의 15획
- **훈음**: 가 변
- **단어**:
  - 周邊(주변): 둘레의 언저리.
  - 海邊(해변): 바닷가.
- **필순**: 邊

步

止부의 3획

훈음 걸음 보

단어 步兵(보병) : 육군 병과의 하나. 주로 소총을 가지고 전투함.
步哨(보초) : 감시의 임무를 맡은 사병.

필순 丨 丨 ㅑ 止 芈 歨 步

保

人부의 7획

훈음 지킬 보

단어 保健(보건) : 건강을 지켜 나가는 일.
保護(보호) : 위험으로부터 약한 것을 돌보아 지킴.

필순 亻 亻' 亻'' 亻'' 仴 俘 保 保

報

土부의 9획

훈음 갚을 보

단어 報國(보국) : 나라의 은혜에 보답함.
報恩(보은) : 은혜를 갚음.

필순 土 圡 圥 幸 幸' 幸' 報 報

寶

宀부의 17획

훈음 보물 보

단어 寶庫(보고) : 보물을 넣어 두는 창고.
寶物(보물) : 보배로운 물건.

필순 宀 宀 宀 寍 寍 寍 寶 寶

4급 II 배정한자

復 彳부의 9획	훈음	거듭할 복, 다시 부
	단어	復歸(복귀) : 본래의 상태로 되돌아감. 復活(부활) : 다시 살아남..
	필순	ノ 彳 彳 衤 衤 衤 復 復

府 广부의 5획	훈음	곳집, 관청 부
	단어	府庫(부고) : 문서나 재물을 넣어두는 창고를 말함. 政府(정부) : 행정권의 집행을 맡은 최고의 중앙 기관.
	필순	` 亠 广 广 疒 疒 府 府

富 宀부의 9획	훈음	부유할 부
	단어	富者(부자) : 살림이 넉넉하고 재산이 많은 사람. 富村(부촌) : 살기가 넉넉한 마을. 부자 마을.
	필순	宀 宀 宀 宁 宮 宮 富 富

副 刀부의 9획	훈음	버금 부
	단어	副賞(부상) : 상장과 정식 상품 외에 따로 주는 상품. 副應(부응) : 무엇에 좇아 응함.
	필순	一 戸 戸 戸 畐 畐 副 副

婦
女부의 8획

- **훈음**: 아내 부
- **단어**:
  - 婦女子(부녀자) : 부인. 일반 여자.
  - 婦德(부덕) : 부녀로서 지켜야 할 아름다운 덕행.
- **필순**: ⌒ 乀 女 女′ 女⁷ 妒 婦 婦

佛
人부의 5획

- **훈음**: 부처 불
- **단어**:
  - 佛經(불경) : 불교의 경문. 불전.
  - 佛心(불심) : 부처의 마음. 부처처럼 착한 마음.
- **필순**: ノ 亻 亻⸍ 仴 伊 佛 佛

非
非부의 0획

- **훈음**: 아닐 비
- **단어**:
  - 非番(비번) : 당번이 아님.
  - 非情(비정) : 인간다운 정을 가지지 않음.
- **필순**:) ナ ヲ ヲ ヨ 非 非 非

悲
心부의 8획

- **훈음**: 슬플 비
- **단어**:
  - 悲感(비감) : 슬픈 느낌. 또는 슬프게 느껴짐.
  - 悲話(비화) : 슬픈 이야기. 애화.
- **필순**:) ナ ヲ ヲ ヨ 非 非 悲 悲

4급 II 배정한자

飛
飛 부의 0획

훈음 날 비
단어 飛禽(비금) : 날짐승.
　　　飛躍(비약) : 사물의 상태가 갑자기 향상 발전함.
필순 乁 乁 乁 飞 飞 飛 飛 飛

備
人부의 10획

훈음 갖출 비
단어 備置(비치) : 갖추어 마련해 줌.
　　　備品(비품) : 비치하는 물품.
필순 亻 亻 伊 伊 伊 佛 備 備

貧
貝 부의 4획

훈음 가난할 빈
단어 貧民(빈민) : 가난한 백성.
　　　貧富(빈부) : 가난과 넉넉함.
필순 丿 八 八 分 分 介 省 貧

寺
寸부의 3획

훈음 절 사
단어 寺畓(사답) : 절에 딸린 논밭.
　　　寺院(사원) : 절. 사찰.
필순 一 十 土 士 寺 寺

舍
舌부의 2획

- **훈음**: 집 사
- **단어**:
  - 舍宅(사택): 단체나 기관에서 직원을 위해 마련한 집.
  - 官舍(관사): 관리가 살도록 관청에서 지은 집.
- **필순**: ノ 人 ヘ 亼 余 舎 舍 舍

師
巾부의 7획

- **훈음**: 스승 사
- **단어**:
  - 師事(사사): 스승으로 섬기며 가르침을 받음.
  - 師恩(사은): 스승의 은혜.
- **필순**: ′ ⺊ ⺊ ㇰ 自 自 師 師

謝
言부의 10획

- **훈음**: 사례할 사
- **단어**:
  - 謝絶(사절): 요구를 받아들이지 않고 물리치는 것.
  - 謝罪(사죄): 죄를 사과함.
- **필순**: 亠 言 訁 訃 訥 謝 謝 謝

殺
殳부의 7획

- **훈음**: 죽일 살, 감할 쇄
- **단어**:
  - 殺傷(살상): 죽이고 상처를 입힘.
  - 相殺(상쇄): 양편의 셈을 서로 비김.
- **필순**: 乂 千 禾 朮 杀 殺 殺 殺

4급 II 배정한자

床
广부의 4획

훈음 자리 상

단어 床播(상파) : 못자리에 씨를 뿌림.
寢床(침상) : 누워 잘 수 있게 만든 평상.

필순 ` 亠 广 广 庄 床 床

狀
犬부의 4획

훈음 형상 상

단어 狀態(상태) : 현재의 모양이나 형편.
狀況(상황) : 형편과 모양.

필순 丨 ㅏ ㅓ ㅕ 爿 扗 狀 狀

常
巾부의 8획

훈음 항상 상

단어 常例(상례) : 두루 많이 있는 사례.
常任(상임) : 일정한 직무를 늘 계속하여 맡음.

필순 丨 ⺌ ⺌ 兴 芦 学 常 常

想
心부의 9획

훈음 생각 상

단어 想起(상기) : 지난 일을 다시 생각하여 냄.
想念(상념) : 마음에 떠오른 생각.

필순 十 才 木 机 相 相 想 想

設
言부의 4획

훈음: 베풀 설

단어:
設立(설립) : 베풀어 세움.
設備(설비) : 시설을 갖춤. 또는 그 물건.

필순: 丶 亠 言 言 訁 訁 設 設

城
土부의 7획

훈음: 성 성

단어:
城郭(성곽) : 내성과 외성의 전부. 성의 둘레.
城門(성문) : 성의 출입구에 만든 문.

필순: 一 土 扌 圤 圤 城 城 城

盛
皿부의 7획

훈음: 성할 성

단어:
盛衰(성쇠) : 성함과 쇠퇴함.
盛行(성행) : 매우 성하게 유행함.

필순: 丿 厂 厂 成 成 成 盛 盛

誠
言부의 7획

훈음: 정성 성

단어:
誠金(성금) : 성의로 낸 돈.
誠實(성실) : 정성스럽고 참되어 거짓이 없음.

필순: 言 言 言 訁 訶 訴 誠 誠

4급Ⅱ 배정한자

星

훈음 별 성

단어
流星(유성) : 별똥별. 운성.
星座(성좌) : 별의 위치를 표시하기 위한 성군의 구역.

日부의 5획

필순 丨 冂 日 旦 目 早 犀 星

聖

훈음 성스러울 성

단어
聖經(성경) : 성인이 지은 책.
聖德(성덕) : 가장 뛰어난 지덕. 임금의 덕을 칭송하는 말.

耳부의 7획

필순 厂 王 耳 耶 取 聖 聖 聖

聲

훈음 소리 성

단어
聲帶(성대) : 후두의 중앙부에 있는 발성 기관.
聲優(성우) : 목소리로 연기하는 배우.

耳부의 11획

필순 士 声 吉 声 殸 殸 聲 聲

細

훈음 가늘 세

단어
細部(세부) : 자세한 부분.
細心(세심) : 주의 깊게 마음을 씀.

糸부의 5획

필순 〈 幺 糸 糸 糸 細 細 細

稅
禾부의 7획

훈음 세금 세

단어
稅金(세금) : 조세로 바치는 돈.
稅率(세율) : 세금을 매기는 비율.

필순 二 千 禾 禾 和 和 秒 稅

勢
力부의 11획

훈음 권세 세

단어
勢力(세력) : 권세의 힘. 일을 잘하는 데 필요한 힘.
勢道(세도) : 권세를 장악함.

필순 土 去 幸 坴丶 執 埶 埶 勢

素
糸부의 4획

훈음 바탕 소

단어
素朴(소박) : 꾸밈없이 그대로임.
素質(소질) : 어떤 일에 적합한 재질.

필순 一 十 キ 主 幸 表 素 素

笑
竹부의 4획

훈음 웃음 소

단어
笑談(소담) : 웃으며 이야기함.
微笑(미소) : 소리를 내지 않고 빙긋이 웃는 웃음.

필순 ノ ト 竹 竺 竺 竺 竽 笑

4급 II 배정한자

掃
手부의 8획

훈음 쓸 소

단어
掃射(소사) : 상, 하, 좌, 우로 휘둘러 잇달아 쏨.
掃除(소제) : 쓸어서 깨끗하게 함.

필순 一 十 才 打 打 打 捐 掃 掃

俗
人부의 7획

훈음 풍속 속

단어
俗談(속담) : 옛적부터 내려오는 민간의 격언.
俗稱(속칭) : 통속적인 일컬음.

필순 亻 亻 亻 亽 亽 俗 俗 俗

續
糸부의 15획

훈음 이을 속

단어
續開(속개) : 일단 멈추었던 회의를 다시 계속함.
續行(속행) : 계속하여 행함.

필순 幺 糸 紝 紝 繪 繪 繪 續

送
辶부의 6획

훈음 보낼 송

단어
送金(송금) : 돈을 부쳐 보냄.
送別(송별) : 떠나는 사람을 이별하여 보냄.

필순 丿 八 ハ 쓰 쏯 쏯 泛 送

守
宀부의 3획

훈음 지킬 수

단어 守備(수비) : 힘써 지켜 막음.
守勢(수세) : 적을 맞아 지키는 형세.

필순 ` ´ 宀 宁 守 守

收
攵부의 2획

훈음 거둘 수

단어 收金(수금) : 돈을 받아 들임.
收錄(수록) : 모아서 기록함.

필순 ㅣ ㄐ 丩 収 収 收

受
又부의 6획

훈음 받을 수

단어 受納(수납) : 받아 넣음. 승낙함.
受理(수리) : 받아서 처리함.

필순 ´ ` ´ 爫 爫 严 受 受

授
手부의 8획

훈음 줄 수

단어 授受(수수) : 주는 일과 받는 일.
授業(수업) : 학업을 가르쳐 줌.

필순 扌 扌 扩 扩 扩 抒 抒 授

4급 II 배정한자

修
人부의 8획

- **훈음**: 닦을 수
- **단어**:
  - 修理(수리) : 고장난 데나 허름한 데를 손으로 고침.
  - 修飾(수식) : 겉모양을 꾸밈.
- **필순**: 亻 亻 亻 𠊱 攸 攸 修 修

純
糸부의 4획

- **훈음**: 순수할 순
- **단어**:
  - 純度(순도) : 품질의 정도.
  - 純白(순백) : 순수하고 깨끗함.
- **필순**: 〈 幺 幺 糸 糽 紅 紈 純

承
手부의 4획

- **훈음**: 이을 승
- **단어**:
  - 承諾(승낙) : 청하는 말을 들어줌.
  - 承認(승인) : 옳다고 승낙함.
- **필순**: 丁 了 孑 手 丞 承 承 承

是
日부의 5획

- **훈음**: 바를 시
- **단어**:
  - 是非(시비) : 옳음과 그름.
  - 是認(시인) : 옳다고 인정함.
- **필순**: 冂 日 日 旦 昊 昇 昇 是

施
方부의 5획

훈음 베풀 시

단어 施賞(시상) : 상품. 또는 상금을 줌.
施設(시설) : 베풀어 설치함. 또는 베풀어 놓은 설비.

필순 亠 方 方 方 扩 扩 施 施

視
見부의 5획

훈음 볼 시

단어 視界(시계) : 눈에 비치는 외계.
視線(시선) : 눈알의 중점과 보는 물건과의 이어지는 선.

필순 二 示 礻 刿 袒 袒 視

詩
言부의 6획

훈음 글귀 시

단어 詩論(시론) : 시에 대한 평가. 논의. 또는 그 책.
詩作(시작) : 시를 창작함.

필순 亠 言 言 計 計 許 詩 詩

試
言부의 6획

훈음 시험할 시

단어 試案(시안) : 시험적으로 만든 안건.
試合(시합) : 경기에서 재주를 겨루어 승부를 다툼.

필순 亠 言 言 言 訂 訐 試 試

4급Ⅱ 배정한자

훈음 어두울 암

단어 暗殺(암살) : 몰래 사람을 죽임.
暗室(암실) : 광선이 들지 못하도록 밀폐한 방.

日 부의 9획

필순 丨 日 日⁻ 日⁼ 日立 日音 日音 暗

훈음 누를 압

단어 壓倒(압도) : 뛰어나서 남을 능가함.
壓迫(압박) : 내리 누름.

土 부의 14획

필순 一 厂 厂 厈 厣 厭 厭 壓

훈음 진 액

단어 液肥(액비) : 액체 상태로 된 비료.
液汁(액즙) : 압착해서 짜낸 진액.

水 부의 8획

필순 丶 冫 氵 汈 浐 浟 液

훈음 양 양

단어 羊毛(양모) : 양의 털.
羊皮(양피) : 양의 가죽.

羊 부의 0획

필순 丶 丷 䒑 羊 羊 羊

4급Ⅱ 배정한자

如
女부의 3획

훈음: 같을 여

단어:
如意(여의) : 뜻대로 됨.
如此(여차) : 이와 같음. 이러함.

필순: く 夕 女 如 如 如

餘
食부의 7획

훈음: 남을 여

단어:
餘念(여념) 다른 생각. 딴 생각.
餘談(여담) : 나머지 말. 다른 이야기.

필순: 亻 今 户 食 食ᄼ 食ᅩ 飵 餘

逆
辶부의 6획

훈음: 거스를 역

단어:
逆境(역경) : 모든 일이 뜻대로 되지 않는 경우.
逆賊(역적) : 반역을 꾀하는 사람.

필순: ヽ ユ 꾸 꾸 屰 屰 逆 逆

硏
石부의 6획

훈음: 갈 연

단어:
硏究(연구) : 깊이 생각하고 조사하면서 공부함.
硏修(연수) : 연구하여 닦음.

필순: 丆 ㄤ 石 石 矴 矸 矸 硏

煙
火부의 9획

훈음 연기 연

단어 煙氣(연기) : 물건이 탈 때 일어나는 흐릿한 기체.
喫煙(끽연) : 담배를 피움.

필순 丶 丷 火 火 炉 炉 炬 煙 煙

演
水부의 11획

훈음 펼 연

단어 演技(연기) : 여러 사람 앞에서 재주를 부림.
演士(연사) : 연설하는 사람.

필순 氵 氵 氵 氵 氵 演 演 演

榮
木부의 10획

훈음 영화 영

단어 榮譽(영예) : 영광스러운 명예.
榮辱(영욕) : 영화와 치욕.

필순 丶 丷 炒 炒 炒 榮 榮 榮

藝
艸부의 15획

훈음 재주 예

단어 藝能(예능) : 예술과 기능.
藝術(예술) : 학예와 기술.

필순 丶 一 ヹ 圶 圶 艻 埶 埶 藝

4급 II 배정한자 **187**

衛
彳부의 9획

훈음: 지킬 위

단어:
衛兵(위병) : 군영을 지키는 졸병.
衛戍(위수) : 군대가 그 땅에 오래 주둔하여 지킴.

필순: 彳 衤 徫 徫 徫 徫 徫 衛

肉
肉부의 0획

훈음: 고기 육

단어:
肉薄(육박) : 썩 가까이 덤빔.
肉身(육신) : 사람의 몸. 육체.

필순: 丨 冂 内 内 肉 肉

恩
心부의 6획

훈음: 은혜 은

단어:
恩德(은덕) : 은혜의 덕.
恩師(은사) : 은혜를 입은 스승.

필순: 丨 冂 冂 円 因 因 恩 恩

陰
阜부의 8획

훈음: 그늘 음

단어:
陰刻(음각) : 오목한 형으로 생김.
陰散(음산) : 날씨가 흐리고 으스스함.

필순: 了 阝 阡 阣 陰 陰 陰 陰

- **훈음**: 응할 응
- **단어**:
  - 應答(응답) : 물음에 대답함.
  - 應募(응모) : 모집에 응함.
- **필순**: 一 广 广 庐 庐 庐 雁 應 應

心부의 13획

- **훈음**: 옳을 의
- **단어**:
  - 義兵(의병) : 의를 위해 일어난 군사.
  - 義憤(의분) : 의를 위해 일어나는 분노.
- **필순**: 丷 ヾ 半 羊 羊 养 義 義

羊부의 7획

- **훈음**: 의논할 의
- **단어**:
  - 議論(의논) : 서로 의견을 문의함. 서로 일을 꾀함.
  - 議席(의석) : 회의하는 자리.
- **필순**: 言 訁 訲 諸 議 議 議 議

言부의 13획

- **훈음**: 옮길 이
- **단어**:
  - 移來(이래) : 다른 데서 옮겨 옴.
  - 移送(이송) : 재판하기 위해 죄수를 다른 옥으로 옮김.
- **필순**: 二 千 チ 禾 禾′ 移 移 移

禾부의 6획

4급Ⅱ 배정한자

益
皿부의 5획

훈음 더할 익
단어 益鳥(익조) : 인간에게 이로운 새. 제비, 까치 따위.
　　　有益(유익) : 이익이 있음.
필순 ハ 八 厶 产 쓷 쓷 쓵 益 益

引
弓부의 1획

훈음 끌 인
단어 引渡(인도) : 넘겨 줌. 물건을 건넴.
　　　引導(인도) : 가르쳐 줌. 안내함.
필순 ㄱ ㄱ 弓 引

印
卩부의 4획

훈음 도장 인
단어 印象(인상) : 자극을 받아 의식 안에 생기는 지각.
　　　印章(인장) : 도장.
필순 ´ ´ F E 印 印

認
言부의 7획

훈음 인정할 인
단어 認定(인정) : 믿고 작정함. 실지로 봄. 허락함.
　　　認證(인증) : 인정하여 증명함.
필순 亠 言 言 訂 訒 認 認 認

將
寸부의 8획

훈음 장수 장
단어 將校(장교) : 군대의 지휘자.
將來(장래) : 장차 돌아올 미래. 때.
필순 ㅣ ㄗ ㄐ ㄐ 爿 㐳 㐳 將 將

障
阜부의 11획

훈음 막힐 장
단어 障礙(장애) : 거리껴 거치적거림.
障害(장해) : 거리껴 해가 되게 함.
필순 阝 阝 阝 阝 陪 陪 陪 障 障

低
人부의 5획

훈음 낮을 저
단어 低空(저공) : 지면에 가까운 하늘.
低氣壓(저기압) : 대기의 압력이 낮아지는 현상.
필순 ㅣ 亻 伍 低 低 低

敵
攵부의 11획

훈음 대적할 적
단어 敵軍(적군) : 적의 군대.
敵對(적대) : 마주 대함. 대립함.
필순 亠 立 产 商 商 敵 敵 敵

4급Ⅱ 배정한자 193

田

훈음 밭 전

단어 田畓(전답) : 밭과 논.
田火(화전) : 산에 불을 질러 일군 밭.

필순 丨 冂 冂 田 田

絕

훈음 끊을 절

단어 絕交(절교) : 교제를 끊음.
絕對(절대) : 대립되는 것이 없음.

필순 ノ 幺 糸 糹 絀 絕 絕 絕

糸부의 6획

接

훈음 이을 접

단어 接見(접견) : 맞아서 봄. 대면함.
接近(접근) : 가까이 접함.

필순 扌 扌 扩 护 护 按 接 接

手부의 8획

政

훈음 정사 정

단어 政界(정계) : 정치의 사회.
政治(정치) : 국민을 다스림.

필순 一 丁 下 正 正 正 政 政

攴부의 4획

程
禾부의 7획

- **훈음**: 헤아릴 정
- **단어**:
  - 程度(정도) : 알맞는 한도. 얼마 가량의 분량.
  - 課程(과정) : 일이 되어가는 정도.
- **필순**: ノ 千 禾 和 和 程 程 程

精
米부의 8획

- **훈음**: 쓿을 정
- **단어**:
  - 精進(정진) : 정성을 다하여 노력함.
  - 精力(정력) : 심신의 원기.
- **필순**: 丶 丷 米 米 粁 精 精 精

制
刀부의 6획

- **훈음**: 만들 제
- **단어**:
  - 制作(제작) : 생각하여 만듦.
  - 制定(제정) : 만들어 정함. 결정함.
- **필순**: ノ ト 二 二 ニ 牛 制 制

製
衣부의 8획

- **훈음**: 지을 제
- **단어**:
  - 製菓(제과) : 과자를 만듦.
  - 製糖(제당) : 사탕을 만듦.
- **필순**: 二 ニ 牛 制 制 製 製 製

4급Ⅱ 배정한자

除
阜부의 7획

훈음 덜 제

단어
除名(제명) : 명부에서 성명을 빼어 버림.
除外(제외) : 그 범위 밖에 둠.

필순 ㇌ 阝 阝 阝八 阽 阼 除 除

祭
示부의 6획

훈음 제사 제

단어
祭具(제구) : 제사에 쓰는 여러 가지 기구.
祭祀(제사) : 신령에게 정성을 드리는 일.

필순 夕 夕 夕? 処 処 祭 祭 祭

際
阜부의 11획

훈음 사이 제

단어
國際(국제) : 나라와 나라 사이.
交際(교제) : 사귀어 가까이 지냄.

필순 ㇌ 阝 阝 阝タ 阝タ 阝タ 阝タ 阝祭 際

提
手부의 9획

훈음 내놓을 제

단어
提示(제시) : 어떤 뜻을 드러내 보임.
提議(제의) : 의논을 제출함.

필순 一 扌 扌ㄇ 押 捍 捍 捍 提

濟
水부의 14획

훈음 구할 제

단어
濟民(제민) : 백성을 구함.
濟世(제세) : 세상을 구제함.

필순 氵 氵 氵 汾 浐 浐 濟 濟

早
日부의 2획

훈음 이를 조

단어
早急(조급) : 아주 이르고 빠름.
早速(조속) : 매우 이르고 빠름.

필순 丨 冂 日 日 旦 早

助
力부의 5획

훈음 도울 조

단어
助力(조력) : 일을 도와줌.
助演(조연) : 주연의 연기를 돕는 사람.

필순 丨 冂 月 月 且 助 助

造
辶부의 7획

훈음 지을 조

단어
造船(조선) : 배를 만듦.
造成(조성) : 물건을 만드는 일.

필순 丿 丬 生 牛 告 告 浩 造

4급 II 배정한자

竹
竹부의 0획

- **훈음**: 대나무 죽
- **단어**:
  - 竹工(죽공) : 대나무로 일용품을 만드는 사람.
  - 竹刀(죽도) : 대나무로 만든 칼.
- **필순**: ノ 亻 亽 朴 竹 竹

準
水부의 10획

- **훈음**: 준할 준
- **단어**:
  - 準例(준례) : 표준이 될 만한 관례.
  - 準備(준비) : 필요한 것을 미리 마련하여 갖춤.
- **필순**: 氵 汁 汁 汁 浐 浐 淮 進 準

衆
血부의 6획

- **훈음**: 무리 중
- **단어**:
  - 衆生(중생) : 많은 사람. 모든 사람.
  - 大衆(대중) : 많은 수의 사람.
- **필순**: ノ 冖 血 血 血 血 卉 衆

增
土부의 12획

- **훈음**: 더할 증
- **단어**:
  - 增加(증가) : 더 늘어 많아짐.
  - 增築(증축) : 집을 더 늘리어 지음.
- **필순**: 土 圹 圹 圹 圹 圹 增 增

4급II 배정한자

職
耳부의 12획

훈음 벼슬 직

단어 職務(직무) : 관직상의 임무.
職分(직분) : 직책상 마땅히 해야 할 본분.

필순 丨 丅 耳 耳 耴 聕 職 職

眞
目부의 5획

훈음 참 진

단어 眞談(진담) : 진정에서 나온 말.
眞理(진리) : 참된 도리.

필순 ㇏ 匕 乍 乍 旨 眞 眞 眞

進
辶부의 8획

훈음 나아갈 진

단어 進軍(진군) : 군대를 보냄.
進度(진도) : 나아가는 진행되는 속도. 정도.

필순 亻 亻 仁 仹 隹 隹 進 進

次
欠부의 2획

훈음 버금 차

단어 次男(차남) : 둘째 아들.
次例(차례) : 차례 있게 나가는 순서.

필순 丶 冫 汁 次 次 次

4급 II 배정한자

察

宀부의 11획

훈음 살필 찰

단어
査察(사찰) : 조사하여 살핌.
偵察(정찰) : 몰래 적군의 동행을 살핌.

필순 宀 宀 宀 宀 宀 宀 宀 察

創

刀부의 10획

훈음 비로소 창

단어
創建(창건) : 사업, 집 등을 처음으로 세우거나 일으킴.
創始(창시) : 일을 처음 시작함.

필순 丿 丿 ㅅ 今 倉 倉 倉 創

處

虍부의 5획

훈음 곳 처

단어
處世(처세) : 이 세상에서 살아감.
處身(처신) : 세상 살이에 있어서의 태도. 몸가짐.

필순 丿 丄 广 卢 卢 虍 虏 處

請

言부의 8획

훈음 청할 청

단어
請求(청구) : 달라고 요구함.
請託(청탁) : 무엇을 해달라고 부탁함.

필순 言 言 訁 計 詰 請 請 請

銃
金부의 6획

훈음 총 총

단어
銃擊(총격) : 총으로 하는 공격.
銃傷(총상) : 총에 맞아 다친 상처.

필순 ノ 스 乍 쇠 金 鈩 鈢 銃 銃

總
糸부의 11획

훈음 거느릴 총

단어
總力(총력) : 모든 힘. 전부의 힘.
總理(총리) : 전체를 관리함. 또는 그 사람.

필순 幺 幺 糸 糸' 紡 緫 總 總

蓄
艸부의 10획

훈음 모을 축

단어
蓄財(축재) : 재산을 모음.
蓄電(축전) : 전기를 축적하는 일.

필순 丶 艹 艹 艼 荒 莕 蒿 蓄

築
竹부의 10획

훈음 쌓을 축

단어
築臺(축대) : 높이 쌓아 올린 대.
築城(축성) : 성을 쌓음.

필순 ⺮ ⺮⺮ 笁 笁 筑 築 築

4급Ⅱ 배정한자

忠

心부의 4획

훈음: 충성 충

단어:
忠誠(충성) : 참 마음에서 일어나는 충의와 정성.
忠臣(충신) : 충성스러운 신하.

필순: 丶 口 口 中 中 忠 忠 忠

蟲

虫부의 12획

훈음: 벌레 충

단어:
蟲齒(충치) : 벌레 먹은 이.
蟲害(충해) : 벌레로 인해 입은 농사의 손해.

필순: 口 中 虫 虫 蚩 蚩 蜉 蟲

取

又부의 6획

훈음: 취할 취

단어:
取調(취조) : 범죄 사실을 속속들이 자세하게 조사함.
取扱(취급) : 물건이나 사무를 다룸.

필순: 一 丅 F F E 耳 取 取

測

水부의 9획

훈음: 잴 측

단어:
測量(측량) : 생각하여 헤아림.
測定(측정) : 헤아려 정함.

필순: 氵 氵 氵 沪 汨 泪 浿 測

治

水부의 5획

훈음 다스릴 치

단어 治國(치국) : 나라를 다스림.
治療(치료) : 병을 고침. 요치.

필순 丶 冫 氵 沪 汄 治 治 治

置

网부의 8획

훈음 둘 치

단어 置中(치중) : 가운데나 중간에다 둠.
放置(방치) : 내버려 둠.

필순 冂 罒 罒 罒 罒 罙 罯 置

齒

齒부의 0획

훈음 이 치

단어 齒根(치근) : 이의 치조에 끼여 들어가 있는 부분.
齒牙(치아) : 이를 일컫는 말.

필순 丨 丨 止 㭉 歮 歮 齒 齒

侵

人부의 7획

훈음 침노할 침

단어 侵攻(침공) : 남의 나라를 침노하여 쳐들어감.
侵害(침해) : 침범하여 해를 끼침.

필순 亻 亻 侵 侵 侵 侵 侵 侵

4급Ⅱ 배정한자

快
心부의 4획

- **훈음**: 시원할 쾌
- **단어**:
  - 快諾(쾌락) : 쾌히 승낙함.
  - 爽快(상쾌) : 기분이 시원하고 거뜬함.
- **필순**: ｀ ｀ 忄 忄 忄 快 快

態
心부의 10획

- **훈음**: 모양 태
- **단어**:
  - 態度(태도) : 속의 뜻이 드러나 보이는 겉모양.
  - 態勢(태세) : 상태와 형세.
- **필순**: 厶 台 育 育 能 能 態 態

統
糸부의 6획

- **훈음**: 거느릴 통
- **단어**:
  - 統計(통계) : 한데 몰아쳐서 셈함.
  - 統一(통일) : 여럿을 몰아서 하나로 만드는 일.
- **필순**: 〈 幺 糸 紀 紀 紵 紵 統

退
辶부의 6획

- **훈음**: 물러날 퇴
- **단어**:
  - 退勤(퇴근) : 직장에서 시간을 마치고 물러나옴.
  - 退職(퇴직) : 현직에서 물러남.
- **필순**: ㄱ ㅋ 艮 艮 艮 艮 退 退

波

水부의 5획

- **훈음**: 물결 파
- **단어**:
  - 波濤(파도) : 큰 물결.
  - 波動(파동) : 사회적 변동을 가져올 만한 거센 움직임.
- **필순**: 丶 丶 氵 氵 汀 沪 波 波

破

石부의 5획

- **훈음**: 깰 파
- **단어**:
  - 破格(파격) : 격식을 깨뜨림.
  - 破壞(파괴) : 깨뜨려 헐어 버림.
- **필순**: 厂 石 石 石 矿 矿 破 破

布

巾부의 2획

- **훈음**: 베, 베풀 포
- **단어**:
  - 布巾(포건) : 베로 만들어 머리에 쓰는 건.
  - 布敎(포교) : 종교를 널리 알림.
- **필순**: ノ ナ オ 布 布

包

勹부의 3획

- **훈음**: 쌀 포
- **단어**:
  - 包裝(포장) : 물건을 싸서 꾸밈.
  - 包含(포함) : 속에 싸여 있음.
- **필순**: ノ 勹 勺 匀 包

4급 II 배정한자

砲
石부의 5획

훈음 대포 포
단어
砲手(포수) : 총으로 짐승을 잡는 사냥꾼. 대포를 쏘는 군인.
砲火(포화) : 대포나 총을 쏠 때 나오는 불이나 탄환.
필순 丆 石 石 矽 矽 砲

暴
日부의 11획

훈음 사나울 폭,포
단어
暴慢(포만) : 사납고 교만함.
暴動(폭동) : 무리를 져 불온한 행동을 함.
필순 冂 日 旱 昦 異 暴 暴 暴

票
示부의 6획

훈음 표 표
단어
票決(표결) : 투표로써 결정함.
投票(투표) : 지지하는 사람에게 선거권을 행사하는 것.
필순 一 二 兩 西 覀 乶 票 票

豊
豆부의 11획

훈음 풍성할 풍
단어
豊富(풍부) : 넉넉하고 많음.
豊年(풍년) : 농사가 잘된 해.
필순 丶 曰 曲 曲 豊 豊 豊

限	훈음	한정할 한
阜부의 6획	단어	限度(한도) : 일정하게 정한 정도. 限滿(한만) : 기한이 다 참.
	필순	ㄱ ㅏ ㅏㄱ ㅏㄱ ㅏㅋ 阝ㅋ 限 限 限

航	훈음	배 항
舟부의 4획	단어	航空(항공) : 비행기나 비행선으로 공중을 항해함. 航海(항해) : 배를 타고 바다를 다님.
	필순	′ 丿 丹 舟 舟′ 舟ㅡ 舟ㅡ 航

港	훈음	항구 항
水부의 9획	단어	港口(항구) : 배가 드나드는 곳. 港都(항도) : 항구의 도시.
	필순	ㆍ ㆍㆍ ㆍㆍㆍ 汁 洪 洪 港 港

解	훈음	풀 해
角부의 6획	단어	解決(해결) : 일을 처리함. 解毒(해독) : 독기를 없앰.
	필순	″ 丿 ㄇ 角 角′ 解′ 解 解

4급Ⅱ 배정한자

香
香부의 0획

훈음 향기 향

단어
香氣(향기) : 좋은 냄새.
香料(향료) : 향의 원료.

필순 一 二 千 千 禾 禾 香 香

鄕
邑부의 10획

훈음 시골 향

단어
鄕愁(향수) : 고향을 그리는 마음.
鄕土(향토) : 시골. 고향 땅.

필순 〈 纟 纟 纩 纩 绉 鄕 鄕

虛
虍부의 6획

훈음 빌 허

단어
虛無(허무) : 아무것도 없고 텅 빔.
虛弱(허약) : 기운이 없어져 약함.

필순 ' ⺊ 广 广 虍 虍 虚 虛

驗
馬부의 13획

훈음 시험할 험

단어
經驗(경험) : 일에 실제 부닥쳐 얻은 지식. 기능.
驗證(험증) : 증거를 조사함.

필순 l 冂 馬 馴 駼 駼 驗 驗

210

賢
貝부의 8획

- **훈음**: 어질 현
- **단어**:
  - 賢母(현모) : 어진 어머니.
  - 賢婦(현부) : 현명한 부인.
- **필순**: 丨 厂 ㄈ 臣 臤 딸 賢 賢

血
血부의 0획

- **훈음**: 피 혈
- **단어**:
  - 血色(혈색) : 핏빛. 얼굴빛. 붉은 빛.
  - 血書(혈서) : 손가락에서 나오는 피로 쓴 글씨.
- **필순**: ノ 亻 亇 帄 血 血

協
十부의 6획

- **훈음**: 도울,화할 협
- **단어**:
  - 協同(협동) : 마음과 힘을 함께 함.
  - 協力(협력) : 서로 도움.
- **필순**: 一 十 忄 圹 拹 協 協 協

惠
心부의 8획

- **훈음**: 은혜 혜
- **단어**:
  - 恩惠(은혜) : 자연이나 남에게서 받는 고마운 혜택.
  - 惠澤(혜택) : 은혜와 덕택.
- **필순**: 一 亓 百 車 重 叀 惠 惠

4급Ⅱ 배정한자

戶
戶 부의 0획

훈음: 집,지게 호

단어:
- 戶別(호별) : 집집마다. 매호.
- 戶數(호수) : 호적상 집의 수.

필순: ` ´ ⼾ 戶

好
女부의 3획

훈음: 좋을 호

단어:
- 好感(호감) : 좋게 여기는 감정.
- 好人(호인) : 성질이 좋은 사람.

필순: ㄑ ㄠ 女 女' 好 好

護
言 부의 14획

훈음: 지킬 호

단어:
- 護國(호국) : 나라를 지킴.
- 護送(호송) : 감시하면서 데려감.

필순: 言 言 訂 評 評 評 護 護

呼
口 부의 5획

훈음: 부를 호

단어:
- 呼訴(호소) : 억울함 등을 관청이나 남에게 하소연함.
- 呼出(호출) : 불러냄. 소환.

필순: ` 冂 口 口' 口'' 口'' 呼

貨
貝부의 4획

훈음 재화 화

단어
貨物(화물) : 수레나 배 등으로 운송하는 짐.
財貨(재화) : 돈 또는 보배.

필순 ノ ィ イ 亻 化 化 貨 貨 貨

確
石부의 10획

훈음 굳을 확

단어
確固(확고) : 확실하고 튼튼함.
確立(확립) : 꽉 정해져 있어 움직이지 아니함.

필순 一 石 石 砕 砕 砕 砕 確

回
口부의 3획

훈음 돌 회

단어
回甲(회갑) : 60세를 일컬음. 환갑.
回轉(회전) : 빙빙 돎.

필순 丨 冂 冂 回 回 回

吸
口부의 4획

훈음 마실 흡

단어
吸收(흡수) : 빨아들임.
吸煙(흡연) : 담배를 피움.

필순 丨 冂 口 叨 叨 吸 吸

4급Ⅱ 배정한자

興
臼부의 9획

훈음 일어날 흥

단어 興亡(흥망) : 일어나는 것과 망하는 것.
興味(흥미) : 재미있음.

필순 ﾉ 丨丨 丨丨 䏌 䒑 䒑 興 興

希
巾부의 4획

훈음 바랄 희

단어 希求(희구) : 무엇을 바라고 요구함.
希望(희망) : 소망을 가지고 기대하여 바람. 원함.

필순 ノ 乂 ㄨ 产 产 兴 希

7장 4급 배정한자

暇

日 부의 9획

훈음: 겨를 가

단어:
暇日(가일) : 한가한 날.
休暇(휴가) : 학교나 직장에서 일정한 기간 쉬는 일.

필순: 丨 日 旷 旷 昁 昁² 暇³ 暇

刻

刀 부의 6획

훈음: 새길 각

단어:
刻苦(각고) : 고생을 이겨내면서 무척 애씀.
刻薄(각박) : 모나고 인정이 없음.

필순: 丶 亠 亠 亥 亥 亥 刻 刻

覺

見 부의 13획

훈음: 깨달을 각

단어:
覺醒(각성) : 잠에서 깨어 정신을 차림. 잘못을 깨달음.
覺悟(각오) : 앞으로 닥칠일에 대하여 마음의 준비를 함.

필순: 𠂉 𠂉 𠂉𠂉 𠂉𠂉丨 𠂉𠂉丨丨 𦥯 會 覺

干

干 부의 0획

훈음: 방패 간

단어:
干涉(간섭) : 남의 일에 나서서 참견함.
干與(간여) : 관계하여 참여함.

필순: 一 二 干

看
目 부의 4획

훈음 볼 간
단어 看破(간파) : 속마음을 알아차림.
看護(간호) : 병약자를 돌보아 줌.
필순 一 二 チ 禾 禾 看 看 看

簡
竹 부의 12획

훈음 간략할 간
단어 簡單(간단) : 간략함. 단출함.
簡便(간편) : 간단하고 편리함.
필순 ノ ⺮ 𥫗 𥫗 節 節 簡 簡

甘
甘 부의 0획

훈음 달 감
단어 甘受(감수) : 달게 받음. 쾌히 받음.
甘草(감초) : 콩과의 다년생 식물.
필순 一 十 廿 甘 甘

敢
攵 부의 8획

훈음 감히 감
단어 果敢(과감) : 과단성이 있고 용감함.
敢行(감행) : 단호히 결행함.
필순 一 丆 𠯑 𠯑 𠯑 𠯑 敢 敢

4급 배정한자

拒
手부의 5획

훈음 막을 거

단어
拒否(거부) : 승낙하지 않고 물리침.
拒逆(거역) : 사람의 뜻이나 명령을 거스름.

필순 ー 亅 扌 扌 扩 折 拒 拒

居
尸부의 5획

훈음 살 거

단어
居室(거실) : 거처하는 방.
居處(거처) : 일정하게 자리잡고 묵고 있는 곳.

필순 一 コ 尸 尸 尼 居 居 居

據
手부의 13획

훈음 의거할 거

단어
據點(거점) : 활동의 근거지. 의거하여 지키는 곳.
依據(의거) : 증거대로 함. 의지함.

필순 扌 扌 扩 扩 护 捞 據 據

傑
人부의 10획

훈음 뛰어날 걸

단어
傑作(걸작) : 썩 훌륭하게 잘된 작품. 명작.
豪傑(호걸) : 재주, 슬기가 뛰어난 인물.

필순 亻 亻 伊 伊 伊 伴 伴 傑

4급 배정한자

堅
土 부의 8획

- **훈음**: 굳을 견
- **단어**:
  - 堅固(견고) : 굳고 단단함.
  - 堅實(견실) : 튼튼하고 착실함.
- **필순**: 丨 厂 ｢ 臣 臣 臤 臤 堅

傾
人 부의 11획

- **훈음**: 기울 경
- **단어**:
  - 傾斜(경사) : 비스듬히 기울어짐. 또는 그러한 상태.
  - 傾聽(경청) : 귀를 기울이고 들음.
- **필순**: 亻 化 化 仴 傾 傾 傾

驚
馬 부의 13획

- **훈음**: 놀랄 경
- **단어**:
  - 驚異(경이) : 놀라 이상스럽게 여김.
  - 驚歎(경탄) : 놀라 탄식함.
- **필순**: 艹 芍 苟 敬 敬 警 驚 驚

鏡
金 부의 11획

- **훈음**: 거울 경
- **단어**:
  - 鏡戒(경계) : 사리에 맞도록 꾸짖음.
  - 鏡臺(경대) : 거울을 달아 세운 화장대의 하나.
- **필순**: 亼 牟 金 釒 鈩 鋅 錆 鏡

4급 배정한자

鷄
鳥부의 10획
- 훈음: 닭 계
- 단어: 鷄口(계구) : 닭의 주둥이. 작은 단체의 우두머리.
  鷄卵(계란) : 달걀.
- 필순: 쓰 ⺈ 幺 奚 奚 奚 鷄 鷄

繼
糸부의 14획
- 훈음: 이을 계
- 단어: 繼續(계속) : 잇달아 뒤를 이음. 끊이지 않게 함.
  繼承(계승) : 뒤를 이어받음.
- 필순: 幺 糸 糸 糸 糸 繼 繼

孤
子부의 5획
- 훈음: 외로울 고
- 단어: 孤獨(고독) : 외톨이. 의지할 곳이 없음. 외로움.
  孤兒(고아) : 어버이를 잃은 아이.
- 필순: ⺈ 了 子 子 孑 孤 孤 孤

庫
广부의 7획
- 훈음: 창고 고
- 단어: 庫間(고간) : 곳집.
  車庫(차고) : 차를 넣어두는 곳간.
- 필순: ⺈ 亠 广 广 庐 庐 庫 庫

4급 배정한자

穀
禾부의 10획

훈음 곡식 곡

단어
穀價(곡가) : 곡식의 가격.
穀倉(곡창) : 곡식을 저장하는 창고. 곡식이 많이 나는 지방.

필순 土 亠 吉 幸 耒 𣪠 穀 穀

困
口부의 4획

훈음 곤할 곤

단어
困境(곤경) : 곤란한 처지. 몹시 힘든 지경.
困難(곤란) : 처치하기 어려움. 생활이 궁핍함.

필순 丨 冂 冂 用 肑 困 困

骨
骨부의 0획

훈음 뼈 골

단어
骨格(골격) : 뼈의 조직. 뼈대.
骨肉(골육) : 뼈와 살. 혈통이 같은 부자. 형제. 육친.

필순 冂 冂 冃 円 丹 骨 骨 骨

孔
子부의 1획

훈음 구멍 공

단어
孔孟(공맹) : 공자와 맹자.
孔穴(공혈) : 구멍. 사람 몸의 혈도.

필순 乛 了 子 孔

攻
攵 부의 3획

훈음: 칠 공

단어:
攻擊(공격) : 적을 침. 시비를 가려 논란함.
攻守(공수) : 치는 일과 지키는 일.

필순: ー T工 Iノ I゙ 攻 攻

管
竹 부의 8획

훈음: 주관할, 대롱 관

단어:
管理(관리) : 일을 맡아 처리함.
管制(관제) : 관리하고 통제함.

필순: ノ ㅅ ㅆ 竹 竹 竺 管 管

鑛
金 부의 15획

훈음: 쇳돌 광

단어:
鑛山(광산) : 유용한 광물을 채굴하는 곳.
鑛夫(광부) : 광산에서 광물을 채굴하는 인부.

필순: 牟 金 釘 鉐 鋩 鑛 鑛 鑛

構
木 부의 10획

훈음: 얽을 구

단어:
構內(구내) : 큰 건물에 딸린 울안.
構想(구상) : 활동을 어떻게 할까 계획을 세움.

필순: 木 才 村 梽 構 構 構

4급 배정한자

君
口부의 4획

- **훈음**: 임금 군
- **단어**:
  - 君臨(군림) : 군주로서 그 나라를 다스림.
  - 君王(군왕) : 임금. 군주.
- **필순**: ㄱ ㄱ ㅋ 尹 尹 君 君

群
羊부의 7획

- **훈음**: 무리 군
- **단어**:
  - 群小(군소) : 많은 자잘한 것.
  - 群衆(군중) : 무리지어 모여 있는 많은 사람들.
- **필순**: ㄱ ㅋ 尹 君 君' 群 群 群

屈
尸부의 5획

- **훈음**: 굽을 굴
- **단어**:
  - 屈服(굴복) : 힘이 미치지 못하여 복종함.
  - 屈伸(굴신) : 몸의 굽힘과 폄.
- **필순**: ㄱ ㄱ 尸 尺 屄 屈 屈 屈

窮
穴부의 10획

- **훈음**: 다할 궁
- **단어**:
  - 窮相(궁상) : 빈궁한 골상.
  - 窮塞(궁색) : 아주 가난함.
- **필순**: ` 宀 宀 宀 穻 窈 穷 窮

券

훈음 문서 권

단어 旅券(여권) : 행정 기관에서 외국 여행을 승인하는 증명서.
乘車券(승차권) : 차를 탈 수 있는 표찰. 차표.

刀부의 6획

필순 ′ ″ ‴ ⸗ 半 夬 夯 券

勸

훈음 권할 권

단어 勸告(권고) : 하도록 타일러 권함.
勸農(권농) : 농업을 널리 장려함.

力부의 18획

필순 艹 苩 苩 莑 萑 蓶 雚 勸

卷

훈음 책 권

단어 卷頭言(권두언) : 책의 머리말.
壓卷(압권) : 가장 뛰어난 부분, 또는 물건.

卩부의 6획

필순 ′ ″ ‴ ⸗ 半 夬 夯 卷

歸

훈음 돌아올 귀

단어 歸家(귀가) : 집으로 돌아옴.
歸路(귀로) : 돌아오는 길.

止부의 14획

필순 ′ 卢 皀 㠯 㱾 㱿 歸 歸

4급 배정한자

均

土부의 4획

- **훈음**: 고를 균
- **단어**:
  - 均等(균등): 차별없이 가지런히 고름.
  - 均分(균분): 여럿이 똑 같도록 나눔.
- **필순**: 一 十 土 圠 圴 均 均

劇

刀부의 13획

- **훈음**: 심할, 연극 극
- **단어**:
  - 劇烈(극렬): 과격하게 맹렬함. 정도에 지나치게 맹렬함.
  - 劇場(극장): 연극, 영화, 무용 등을 감상하는 곳.
- **필순**: 亠 广 卢 虍 虎 虏 豦 劇

筋

竹부의 6획

- **훈음**: 힘줄 근
- **단어**:
  - 筋肉(근육): 힘줄과 살.
  - 鐵筋(철근): 콘크리트 속의 철봉.
- **필순**: 𠂉 𥫗 竺 竻 笳 筋 筋

勤

力부의 11획

- **훈음**: 부지런할 근
- **단어**:
  - 勤儉(근검): 부지런하고 검소함.
  - 勤學(근학): 부지런하고 학문에 힘씀.
- **필순**: 卄 廿 苢 芇 華 菫 勤 勤

紀
糸부의 3획

- **훈음**: 벼리 기
- **단어**:
  - 紀綱(기강) : 국가의 제도와 기율.
  - 紀念(기념) : 사적을 전하여 깊이 잊지 않음.
- **필순**: 〈 幺 幺 幺 糸 糸 紅 紀 紀

奇
大부의 5획

- **훈음**: 기이할 기
- **단어**:
  - 奇怪(기괴) : 기이하고 괴상함.
  - 奇妙(기묘) : 기이하고 교묘함.
- **필순**: 一 ナ 大 左 寺 查 奇 奇

寄
宀부의 8획

- **훈음**: 부칠 기
- **단어**:
  - 寄居(기거) : 임시로 머물러 있음. 덧붙여 삶.
  - 寄與(기여) : 보태어 줌.
- **필순**: 宀 宀 宁 宇 宏 宏 寄 寄

機
木부의 12획

- **훈음**: 베틀 기
- **단어**:
  - 機能(기능) : 기관으로서 작용할 수 있는 능력.
  - 機動(기동) : 조직적이며 기민한 활동.
- **필순**: 木 朴 杉 松 松 機 機 機

4급 배정한자

納

훈음 들일, 바칠 납

단어
納得(납득) : 사리를 잘 알아 차려 이행함.
納稅(납세) : 세금을 바침.

糸부의 4획

필순 纟 纟 纟 糸 糸 紣 納 納

段

훈음 구분 단

단어
段階(단계) : 일의 차례를 따라 나아가는 과정. 순서.
段數(단수) : 바둑, 유도 등의 단의 수.

殳부의 5획

필순 亻 亻 F F E E 段 段

徒

훈음 무리 도

단어
徒黨(도당) : 떼를 지은 무리.
暴徒(폭도) : 폭동을 일으켜 치안을 문란시키는 무리.

彳부의 7획

필순 彳 彳 彳 徉 徉 徉 徒 徒

逃

훈음 달아날 도

단어
逃走(도주) : 피하거나 쫓겨서 달아남.
逃避(도피) : 도망하여 몸을 피함.

辶부의 6획

필순 丿 丿 扌 扎 兆 兆 逃 逃

盜
皿부의 7획

- **훈음**: 훔칠 도
- **단어**:
  - 盜難(도난) : 도둑을 맞는 재난.
  - 盜犯(도범) : 도둑질로 인하여 성립되는 범죄.
- **필순**: 冫 冫 冫 冫 次 次 盜 盜

卵
卩부의 5획

- **훈음**: 알 란
- **단어**:
  - 卵子(난자) : 정자와 합하여 생식 작용을 하는 세포.
  - 鷄卵(계란) : 닭의 알. 달걀.
- **필순**: ノ 厂 厂 卯 卯 卯 卵

亂
乙부의 12획

- **훈음**: 어지러울 란
- **단어**:
  - 亂局(난국) : 어지러운 판국.
  - 亂動(난동) : 함부로 행동함.
- **필순**: 一 厂 严 严 严 孚 爵 亂

覽
見부의 14획

- **훈음**: 볼 람
- **단어**:
  - 觀覽(관람) : 영화, 연극, 경기 같은 것을 구경함.
  - 閱覽(열람) : 책 등을 내리 훑어봄.
- **필순**: 丨 尸 臣 臣′ 臣ᄃ 臨 瞽 覽

4급 배정한자

略

田부의 6획

훈음: 줄일 략

단어:
略歷(약력) : 대강 적은 이력.
略圖(약도) : 간략하게 그린 도면.

필순: 冂 冂 田 田 田 略 略 略

糧

米부의 12획

훈음: 양식 량

단어:
糧穀(양곡) : 양식으로 사용하는 곡식.
糧政(양정) : 양식 관계의 모든 정책이나 정사.

필순: 丷 半 米 籵 粐 糧 糧 糧

慮

心부의 11획

훈음: 생각할 려

단어:
考慮(고려) : 생각하여 봄.
配慮(배려) : 이리저리 마음을 씀.

필순: 亠 广 广 庤 庴 庿 慮 慮

烈

火부의 6획

훈음: 매울 렬

단어:
烈女(열녀) : 정절이 곧은 여자.
烈風(열풍) : 세게 불어오는 바람. 맹렬하게 부는 바람.

필순: 一 ア 歹 歹 列 列 烈 烈

龍
龍부의 0획

- **훈음**: 용 룡
- **단어**:
  - 龍宮(용궁) : 바닷속에 있어 용왕이 산다고 하는 궁전.
  - 龍床(용상) : 임금이 앉는 평상.
- **필순**: 亠 立 产 育 育 育 龍 龍

柳
木부의 5획

- **훈음**: 버들 류
- **단어**:
  - 柳花(유화) : 버드나무의 꽃.
  - 細柳(세류) : 가지가 가늘고 긴 버들.
- **필순**: 一 十 十 木 朾 朾 柯 柳 柳

輪
車부의 8획

- **훈음**: 바퀴 륜
- **단어**:
  - 輪廓(윤곽) : 겉모양. 테두리.
  - 輪禍(윤화) : 수레바퀴로 인하여 입는 모든 피해.
- **필순**: 一 厂 亘 車 軨 輪 輪 輪

離
隹부의 11획

- **훈음**: 떠날 리
- **단어**:
  - 離間(이간) : 두 사람 사이를 서로 멀어지게 함.
  - 離散(이산) : 사이가 떨어져 헤어짐.
- **필순**: 亠 亣 离 离 离 离 離 離

4급 배정한자

妹
女부의 5획

훈음: 작은누이 매

단어:
妹弟(매제) : 손아래누이의 남편.
妹兄(매형) : 누님의 남편.

필순: く 乂 女 女 圦 奸 妹 妹

勉
力부의 7획

훈음: 힘쓸 면

단어:
勉學(면학) : 학문에 힘씀.
勉從(면종) : 마지못하여 복종함.

필순: ノ ク 각 뭐 免 免 勉 勉

鳴
鳥부의 3획

훈음: 울 명

단어:
鳴動(명동) : 울리어 진동함.
共鳴(공명) : 남의 행동이나 사상에 깊이 동감함.

필순: 口 口 미 미 吗 鸣 鳴 鳴

模
木부의 11획

훈음: 법 모

단어:
模範(모범) : 본보기.
模樣(모양) : 상태. 형편. 사람이나 물건의 형태.

필순: 木 木 栌 栌 栌 梢 模 模

妙

女부의 4획

- **훈음**: 묘할 묘
- **단어**:
  - 妙技(묘기) : 기묘한 기술.
  - 妙案(묘안) : 썩 잘된 생각.
- **필순**: 乚 乚 女 奼 奻 妙 妙

墓

土부의 11획

- **훈음**: 무덤 묘
- **단어**:
  - 墓碑(묘비) : 무덤 앞에 세우는 비석. 묘석.
  - 墓所(묘소) : 산소. 무덤. 묘지.
- **필순**: 丶 艹 艹 昔 莒 莫 墓 墓

舞

舛부의 8획

- **훈음**: 춤출 무
- **단어**:
  - 舞曲(무곡) : 춤을 위해 작곡된 악곡의 총칭.
  - 舞姬(무희) : 춤추는 여자.
- **필순**: 一 二 無 無 舞 舞 舞 舞

拍

手부의 5획

- **훈음**: 칠 박
- **단어**:
  - 拍手(박수) : 기쁘거나 찬성, 환영할 때 손뼉을 치는 일.
  - 拍掌(박장) : 손뼉을 침.
- **필순**: 一 十 扌 扌 扩 拍 拍 拍

4급 배정한자

髮
髟부의 5획

훈음 머리카락 발

단어
削髮(삭발) : 머리털을 깎음.
散髮(산발) : 머리를 풀어 헤침.

필순 丨 F 镸 髟 髟 髣 髣 髮

妨
女부의 4획

훈음 방해할 방

단어
妨害(방해) : 헤살을 놓아 해를 끼침.
無妨(무방) : 방해될 게 없음.

필순 ㄥ ㄥ 女 女 妒 妨 妨

犯
犬부의 2획

훈음 범할 범

단어
犯人(범인) : 죄를 범한 사람.
犯接(범접) : 가까이 범하여 접촉함.

필순 ノ 犭 犭 犭 犯

範
竹부의 9획

훈음 모범 범

단어
範圍(범위) : 제한된 둘레의 언저리.
模範(모범) : 본받아 배울 만함.

필순 ⺮ ⺮ 竻 筥 筥 範 範 範

辯
辛 부의 14획

- **훈음**: 말잘할 변
- **단어**:
  - 辯士(변사) : 연설이나 변설에 능한 사람.
  - 辯護(변호) : 남의 이익을 위해 변명함.
- **필순**: 亠 立 辛 辛 䇂 䇂 辯 辯 辯

普
日 부의 8획

- **훈음**: 넓을 보
- **단어**:
  - 普及(보급) : 널리 미침.
  - 普通(보통) : 예사로운 것.
- **필순**: 丷 䒑 ヰ 並 並 普 普 普

伏
人 부의 4획

- **훈음**: 엎드릴 복
- **단어**:
  - 伏拜(복배) : 엎드려 절함.
  - 伏兵(복병) : 숨겨 두었다가 요긴할 때 불시에 내치는 군사.
- **필순**: 丿 亻 仁 伙 伏 伏

複
衣 부의 9획

- **훈음**: 겹칠 복
- **단어**:
  - 複利(복리) : 이자에 이자가 붙음.
  - 複線(복선) : 겹으로 된 줄. 둘 이상을 나란히 부설한 선.
- **필순**: 冫 氵 衤 衤 衤 祁 袹 複 複

4급 배정한자

否

口 부의 4획

훈음 아닐 부

단어
否認(부인) : 그렇지 않다고 보거나 주장함.
否定(부정) : 아니라고 함.

필순 一 ア 不 不 不 否 否

負

貝 부의 2획

훈음 짐질 부

단어
負傷(부상) : 상처를 입음.
負債(부채) : 남에게 진 빚.

필순 ノ ク 个 分 角 負 負

粉

米 부의 4획

훈음 가루 분

단어
粉食(분식) : 밀가루, 메밀가루 따위의 식료품.
粉末(분말) : 가루.

필순 丶 丷 丷 十 米 米 粉 粉

憤

心 부의 12획

훈음 분할 분

단어
憤激(분격) : 몹시 분하여 성을 냄. 매우 분하여 격동함.
憤怒(분노) : 분하여 몹시 성을 냄.

필순 丶 忄 忄 忄 忄 憤 憤 憤

批

훈음 비평할 비

단어 批難(비난) : 남의 잘못이나 좋지 못한 점을 꾸짖음.
批判(비판) : 비평하여 판정함.

手 부의 4획

필순 一 亅 扌 扌 扎 扎 批

秘

훈음 숨길 비

단어 秘密(비밀) : 숨기어 남에게 공개하지 아니하는 일.
秘方(비방) : 비밀한 방법. 비법.

示 부의 5획

필순 二 千 禾 禾 利 秘 秘 秘

碑

훈음 비석 비

단어 碑閣(비각) : 안에 비를 세워 놓은 집.
碑文(비문) : 비석에 새긴 글.

石 부의 8획

필순 丆 石 石' 砶 砷 碑 碑 碑

私

훈음 사사로울 사

단어 私感(사감) : 사사로운 감정.
私意(사의) : 개인의 의사. 사견.

禾 부의 2획

필순 一 二 千 禾 禾 私 私

4급 배정한자

射
寸부의 7획

훈음 쏠 사

단어
射擊(사격) : 총이나 활 등을 쏨.
射手(사수) : 활, 총을 쏘는 사람.

필순 丿 冂 冃 自 身 身 射 射

絲
糸부의 6획

훈음 실 사

단어
絲路(사로) : 좁은 길. 작은 길.
毛絲(모사) : 털실.

필순 乙 幺 幺 幺 糸 糸 絆 絲

辭
辛부의 12획

훈음 말씀 사

단어
辭意(사의) : 사임할 의사. 말의 뜻.
辭任(사임) : 맡아보던 책임을 그만두고 물러남.

필순 ⺍ 爫 㐭 肏 𤔔 𤔔 辭 辭

散
攵부의 8획

훈음 흩을 산

단어
散賣(산매) : 물건을 낱개로 판매함.
散在(산재) : 이곳저곳 흩어져 있음.

필순 一 卄 芇 昔 昔 散 散 散

훈음 코끼리 상

단어 象牙(상아) : 코끼리의 위턱에 길게 뻗은 두 개의 앞니.
象徵(상징) : 말로는 설명하기 힘든 추상적인 사물.

豕부의 5획

필순 ⺈ ⺊ ⺊ 𠂊 𠃜 𧰨 象 象

훈음 상처 상

단어 傷心(상심) : 마음을 상함.
傷害(상해) : 남의 몸에 상처를 내어서 해를 입힘.

人부의 11획

필순 亻 亻 仁 𠆢 𠆢 傷 傷 傷

훈음 베풀 선

단어 宣誓(선서) : 성실할 것을 맹세함.
宣布(선포) : 널리 펴서 알림.

宀부의 6획

필순 ⼂ ⼧ 宀 宀 宁 宣 宣 宣

훈음 혀 설

단어 舌戰(설전) : 말로 옳고 그름을 가리는 다툼. 말다툼.
舌禍(설화) : 말로 인해 입는 화.

舌부의 0획

필순 ⼃ 二 千 千 舌 舌

4급 배정한자 241

屬
尸 부의 18획

- **훈음**: 붙을 속, 부탁할 촉
- **단어**:
  - 屬國(속국): 다른 나라에 매여 있는 나라.
  - 屬託(촉탁): 일을 부탁함. 의뢰함. 부탁을 받은 사람.
- **필순**: ⼀ 尸 尸 尸 屛 屬 屬 屬

損
手 부의 10획

- **훈음**: 덜 손
- **단어**:
  - 損傷(손상): 떨어지고 상함.
  - 損失(손실): 축나서 없어짐.
- **필순**: 丨 扌 扩 护 护 捐 捐 損

松
木 부의 4획

- **훈음**: 소나무 송
- **단어**:
  - 松林(송림): 소나무 숲.
  - 松津(송진): 소나무 줄기에서 분비되는 진.
- **필순**: 一 十 才 木 杧 杦 松 松

頌
頁 부의 4획

- **훈음**: 기릴 송
- **단어**:
  - 頌德碑(송덕비): 공덕을 칭찬하기 위해 세운 비석.
  - 頌祝(송축): 칭송하고 축하함.
- **필순**: 丷 公 公 公 公 颂 頌 頌

秀
禾부의 2획

훈음 빼어날 수
단어 秀麗(수려) : 산수의 경치가 뛰어나고 아름다움.
優秀(우수) : 뛰어나고 빼어나다.
필순 一 二 千 禾 禾 禾 秀 秀

叔
又부의 6획

훈음 아재비 숙
단어 叔父(숙부) : 아버지의 동생.
叔姪(숙질) : 아저씨와 조카.
필순 丨 卜 上 十 才 未 叔 叔

肅
聿부의 7획

훈음 엄숙할 숙
단어 自肅(자숙) : 스스로 삼가함.
肅淸(숙청) : 엄중히 다스려 불순분자를 몰아냄.
필순 申 肀 肀 肀 肅 肅 肅 肅

崇
山부의 8획

훈음 높을 숭
단어 崇高(숭고) : 뜻이 존엄하고 고상함.
崇仰(숭앙) : 높여 우러러 봄.
필순 丨 卜 屮 屮 崇 崇 崇 崇

4급 배정한자

氏

氏 부의 0획

- **훈음**: 성 씨
- **단어**:
  - 氏名(씨명) : 성명.
  - 氏閥(씨벌) : 대대로 이어 내려오는 집안의 지체.
- **필순**: ´ 乁 F 氏

額

頁 부의 9획

- **훈음**: 이마, 수량 액
- **단어**:
  - 額數(액수) : 돈의 수효. 사람의 수효.
  - 額字(액자) : 현판에 쓴 글자.
- **필순**: 宀 宀 安 客 客 額 額 額

樣

木 부의 11획

- **훈음**: 모양 양
- **단어**:
  - 樣式(양식) : 모양. 꼴. 예술에 있어서의 스타일.
  - 樣態(양태) : 모양과 태도.
- **필순**: 木 木 木 栟 样 样 様 樣

嚴

口 부의 17획

- **훈음**: 엄할 엄
- **단어**:
  - 嚴格(엄격) : 엄숙하고 정당함.
  - 嚴冬(엄동) : 몹시 추운 겨울.
- **필순**: ` 吅 严 严 严 嚴 嚴 嚴

臼부의 7획

(훈음) 줄 여

(단어) 與黨(여당) : 정부에 편드는 정당.
與信(여신) : 금융기관에서 고객에게 신용을 부여하는 일.

(필순) ⺽ ⺽' ⺽' 𦥑 𦥑 𦥑 與 與

日부의 4획

(훈음) 바꿀 역, 쉬울 이

(단어) 交易(교역) : 서로 물건을 사고 팔고 하여 바꿈.
容易(용이) : 아주 쉬움.

(필순) 丨 冂 日 日 旦 甼 易 易

土부의 8획

(훈음) 지경 역

(단어) 區域(구역) : 갈라 놓은 땅.
異域(이역) : 이국의 땅.

(필순) 十 土 圵 圻 垣 域 域 域

廴부의 4획

(훈음) 끌 연

(단어) 延期(연기) : 기한을 물림.
延長(연장) : 일정한 기준보다 길이 또는 시간을 늘임.

(필순) 丿 亻 千 正 延 延 延

4급 배정한자

鉛

金부의 5획

- **훈음**: 납 연
- **단어**:
  - 鉛管(연관) : 납으로 만든 관.
  - 鉛鑛(연광) : 납을 파내는 광산.
- **필순**: 丿 厶 乍 乎 金 釒 鉛 鉛

緣

糸부의 9획

- **훈음**: 인연 연
- **단어**:
  - 緣故(연고) : 까닭. 사유.
  - 緣分(연분) : 하늘이 베푼 인연.
- **필순**: 幺 糸 糽 紀 絽 終 緣 緣

燃

火부의 12획

- **훈음**: 불탈 연
- **단어**:
  - 燃料(연료) : 불을 때는 재료.
  - 可燃(가연) : 불에 잘 탈 수 있음.
- **필순**: 丿 火 灯 妙 燃 燃 燃 燃

迎

辶부의 4획

- **훈음**: 맞을 영
- **단어**:
  - 迎入(영입) : 맞아들임.
  - 迎接(영접) : 손님을 맞아 응접함.
- **필순**: 丿 匚 卬 㐰 㐲 迎 迎 迎

映

훈음: 비칠 영

단어:
- 映寫(영사) : 환등이나 활동사진을 상영함.
- 映畵(영화) : 활동사진.

日 부의 5획

필순: 丨 冂 日 日 日´ 日冖 映 映

營

훈음: 경영할 영

단어:
- 營農(영농) : 농업을 영위함.
- 營利(영리) : 재산의 이익을 꾀함.

火 부의 13획

필순: 丶 ⺌ ⺍ ⺍⺍ 炏 營 營 營

豫

훈음: 미리 예

단어:
- 豫感(예감) : 사물이나 사건이 닥치기 전에 미리 느낌.
- 豫賣(예매) : 미리 값을 쳐서 팖.

豕 부의 9획

필순: 丆 予 豖 豖 豖 豫 豫 豫

郵

훈음: 우편 우

단어:
- 郵送(우송) : 우편으로 물건을 보냄.
- 郵信(우신) : 우편을 이용하는 편지.

邑 부의 8획

필순: 一 二 千 壬 垂 垂 郵 郵

4급 배정한자

遇
辶 부의 9획

훈음 만날 우
단어 待遇(대우) : 예의를 갖추어 대함. 직장이나 근무지에서 지위나 급료 등, 근무자에 대한 처우.
필순 冂 日 昌 禺 禺 禺 遇 遇

優
人 부의 15획

훈음 넉넉할 우
단어 優待(우대) : 잘 대접함.
優等(우등) : 뛰어난 등급.
필순 亻 亻 伵 偃 優 優 優 優

怨
心 부의 5획

훈음 원망할 원
단어 怨望(원망) : 남을 못마땅하게 생각하여 탓함.
怨讎(원수) : 원한이 있는 사람.
필순 丿 夕 夕 夘 夗 怨 怨

源
水 부의 10획

훈음 근원 원
단어 源流(원류) : 물이 흐르는 원천. 사물이 일어나는 근원.
源泉(원천) : 물이 흘러 나오는 근원.
필순 氵 氵 汀 沉 沉 沥 源 源

援

훈음 도울 원

단어
援軍(원군) : 도와 주는 군대.
援助(원조) : 도와줌.

필순 亅 扌 扌 ず 扩 捋 捋 援 援

手 부의 9획

危

훈음 위태할 위

단어
危急(위급) : 위태하고 급함.
危殆(위태) : 형세가 어려움.

필순 ノ ク 广 产 乃 危

㔾 부의 4획

委

훈음 맡길 위

단어
委囑(위촉) : 어떤 일을 맡기어 부탁함.
委員(위원) : 어떤 사물의 처리를 위임받은 사람.

필순 ノ 二 千 禾 禾 秂 委 委

女 부의 5획

威

훈음 위엄 위

단어
威勢(위세) : 위엄이 있는 기세.
威風(위풍) : 위엄이 있는 풍채.

필순 ノ 厂 厂 斤 反 威 威 威

女 부의 6획

4급 배정한자

遺

辶부의 12획

- **훈음**: 남길 유
- **단어**:
  - 遺骨(유골) : 죽은 사람의 해골.
  - 遺物(유물) : 후세에 남겨진 물건. 잃어버린 물건.
- **필순**: 口 中 虫 朱 青 貴 潰 遺

遺

儒

人부의 14획

- **훈음**: 선비 유
- **단어**:
  - 儒敎(유교) : 공자를 시조로 하는 인의도덕의 교.
  - 儒學(유학) : 유교를 연구하는 학문.
- **필순**: 亻 伫 伫 俨 儒 儒 儒 儒

隱

阜부의 14획

- **훈음**: 숨을 은
- **단어**:
  - 隱居(은거) : 세상을 피하여 삶. 숨어서 세월을 보냄.
  - 隱匿(은닉) : 감춤. 숨김.
- **필순**: 阝 阝 阝 阡 阼 隋 隱 隱

隱

依

人부의 6획

- **훈음**: 의지할 의
- **단어**:
  - 依據(의거) : 증거대로 함.
  - 依支(의지) : 기대어 도움을 받음.
- **필순**: 丿 亻 亻 亽 衣 依 依 依

依

4급 배정한자

儀
人부의 13획

훈음 모양 의

단어
儀禮(의례) : 형식을 갖춘 예의.
儀典(의전) : 의식.

필순 亻 亻´ 俨 俨 俨 俨 儀 儀

疑
疋부의 9획

훈음 의심할 의

단어
疑問(의문) : 의심하여 물음. 또는 의심스러운 문제.
疑心(의심) : 믿지 못하는 마음.

필순 ' ヒ 匕 矣 矣 矣 疑 疑

異
田부의 6획

훈음 다를 이

단어
異動(이동) : 직책의 변동. 전임.
異論(이론) : 남과 다른 의론. 남의 의견에 반대하는 말.

필순 冂 皿 田 田 甲 畀 畀 異

仁
人부의 2획

훈음 어질 인

단어
仁德(인덕) : 어진 덕.
仁術(인술) : 어진 기술이란 뜻으로 '의술'을 이르는 말.

필순 丿 亻 仁 仁

姉

女부의 5획

- **훈음**: 맏누이 자
- **단어**:
  - 姉氏(자씨) : 남의 손위 누이의 경칭.
  - 姉兄(자형) : 누님의 남편.
- **필순**: く 夕 女 如 奺 姉

姿

女부의 6획

- **훈음**: 맵시 자
- **단어**:
  - 姿色(자색) : 여자의 고운 얼굴.
  - 姿態(자태) : 몸가짐과 맵시. 모양이나 모습.
- **필순**: 、 冫 冫 冫 次 次 姿 姿

資

貝부의 6획

- **훈음**: 재물 자
- **단어**:
  - 資金(자금) : 사업을 경영하는데 드는 돈.
  - 資料(자료) : 밑천이 될 만한 재료. 원료. 자재.
- **필순**: 、 冫 冫 冫 次 咨 資 資

殘

부의 8획

- **훈음**: 남을 잔
- **단어**:
  - 殘金(잔금) : 나머지 돈. 잔전.
  - 殘黨(잔당) : 치고 남은 적의 무리.
- **필순**: 一 歹 歹 歹 歹 殘 殘 殘

4급 배정한자

雜
훈음: 섞일 잡
단어:
雜穀(잡곡) : 쌀 이외의 모든 곡식.
雜技(잡기) : 여러 가지 재주.

隹부의 10획
필순: 亠 ㄔ 辛 辛 新 新 新 雜

壯
훈음: 씩씩할 장
단어:
壯骨(장골) : 기운이 좋게 생긴 골격.
壯談(장담) : 자신이 있는 듯이 큰소리 침.

士부의 4획
필순: 丨 丬 丬 壯 壯 壯 壯

裝
훈음: 꾸밀 장
단어:
裝身具(장신구) : 꾸미고 단장하는데 쓰는 제구.
裝飾(장식) : 치장하여 꾸밈.

衣부의 7획
필순: 丨 丬 丬 壯 壯 裝 裝 裝

腸
훈음: 창자 장
단어:
大腸(대장) : 큰창자.
腸壁(장벽) : 창자 내부의 벽.

肉부의 9획
필순: 刀 月 月 肥 腭 腭 腸 腸

張	훈음	베풀 장
弓 부의 8획	단어	張大(장대) : 넓적하고 큼. 張皇(장황) : 번거롭고 긺.
	필순	ㄱ ㄱ 弓 引 张 張 張 張

帳	훈음	장막, 치부책 장
巾 부의 8획	단어	帳幕(장막) : 군용의 천막. 군막. 帳簿(장부) : 사항 또는 계산들을 기록해 두는 책.
	필순	ㅣ ㄇ 巾 帄 帍 帍 帳 帳

獎	훈음	장려할 장
大 부의 11획	단어	勸獎(권장) : 권하여 장려함. 獎勵(장려) : 좋은 일에 힘쓰도록 권하여 북돋워 줌.
	필순	ㅣ 爿 爿 爿 將 將 獎 獎

底	훈음	밑 저
广 부의 5획	단어	底力(저력) : 속에 간직한 끈기 있는 힘. 底意(저의) : 속으로 작정한 뜻.
	필순	` 亠 广 疒 疒 底 底 底

4급 배정한자

賊
貝부의 6획

훈음 도둑 적

단어
賊臣(적신) : 불충한 신하.
賊害(적해) : 도적에게 받는 피해.

필순 丨 冂 目 貝 貝 貯 貯 賊 賊 賊

適
辶부의 11획

훈음 맞을 적

단어
適當(적당) : 사리에 알맞음.
適量(적량) : 알맞는 분량.

필순 亠 䒑 产 丙 商 啇 啇 適

積
禾부의 11획

훈음 쌓을 적

단어
積量(적량) : 적재한 화물의 중량.
積善(적선) : 착한 일을 여러 번 함.

필순 二 禾 禾 秆 秅 秸 積 積

績
糸부의 11획

훈음 길쌈할 적

단어
績女(적녀) : 길쌈하는 여자.
紡績(방적) : 동식물의 섬유를 가공하여 실로 만드는 일.

필순 幺 糸 糸 紆 紂 績 績 績

籍
竹부의 14획

훈음 호적 적

단어 史積(사적) : 역사에 관한 서적. 사기.
戶積(호적) : 호수와 식구별로 기록한 장부.

필순 ⺮ ⺮⺮ 𥫗 筝 筝 籍 籍 籍

專
寸부의 8획

훈음 오로지 전

단어 專門(전문) : 오로지 한 가지 일을 다함.
專屬(전속) : 오직 한곳에만 속함.

필순 一 厂 百 車 車 叀 專 專

轉
車부의 11획

훈음 구를 전

단어 轉倒(전도) : 거꾸로 됨.
轉落(전락) : 굴러 떨어짐. 타락함.

필순 亘 車 軒 軘 轉 轉 轉 轉

錢
金부의 8획

훈음 돈 전

단어 錢穀(전곡) : 돈과 곡식.
錢主(전주) : 밑천을 대는 사람.

필순 𠂉 乍 金 鈛 鈛 錢 錢 錢

4급 배정한자

折
手 부의 4획

- 훈음: 꺾을 절
- 단어:
  - 折骨(절골) : 뼈가 부러짐.
  - 折半(절반) : 하나를 반으로 자른 것.
- 필순: 一 十 扌 扌 扩 折 折

占
卜 부의 3획

- 훈음: 점칠, 차지할 점
- 단어:
  - 占據(점거) : 장소를 차지하여 자리를 잡음. 점령.
  - 占卦(점괘) : 점을 쳐서 나오는 괘.
- 필순: 丨 卜 㐅 占 占

點
黑 부의 5획

- 훈음: 점찍을 점
- 단어:
  - 點檢(점검) : 낱낱이 조사함. 자세히 검사함.
  - 點線(점선) : 점이 주욱 찍힌 선.
- 필순: 冂 罒 四 甲 里 黑 黙 點

丁
一 부의 1획

- 훈음: 장정, 당할 정
- 단어:
  - 壯丁(장정) : 혈기 왕성한 남자.
  - 丁寧(정녕) : 추측대로. 틀림없이.
- 필순: 一 丁

整
攵부의 12획

- **훈음**: 가지런할 정
- **단어**:
  - 整頓(정돈) : 바로잡아 치움.
  - 整理(정리) : 질서를 바로잡음.
- **필순**: 冖 市 束 朿 敕 敕 整 整 整

靜
青부의 8획

- **훈음**: 고요할 정
- **단어**:
  - 靜物(정물) : 위치가 고정되어 움직이지 않는 물건.
  - 靜淑(정숙) : 거동과 마음이 조용하고 착함.
- **필순**: 十 キ 青 青 青 靜 靜 靜

帝
巾부의 8획

- **훈음**: 임금 제
- **단어**:
  - 皇帝(황제) : 제국의 군주.
  - 帝王(제왕) : 제국을 통치하는 한 나라의 원수. 임금.
- **필순**: 一 亠 方 产 产 斉 帝 帝

組
糸부의 5획

- **훈음**: 짤 조
- **단어**:
  - 組成(조성) : 짜 맞추어 만듦.
  - 組版(조판) : 활판을 꾸며 짬.
- **필순**: 丨 幺 糸 糸 糸 糸 組 組

4급 배정한자

條

木부의 7획

- **훈음**: 곁가지 조
- **단어**:
  - 條件(조건): 무슨 일을 어떻게 규정한 항목.
  - 條目(조목): 일의 낱낱의 조건.
- **필순**: 亻 亻 ㄔ 俨 俢 修 修 條

潮

水부의 12획

- **훈음**: 조수 조
- **단어**:
  - 潮流(조류): 바닷물의 흐름. 시세의 경향.
  - 潮汐(조석): 조수와 석수.
- **필순**: 氵 汁 沽 沽 沽 淖 潮 潮

存

子부의 3획

- **훈음**: 있을 존
- **단어**:
  - 存立(존립): 생존시켜 따로 세움.
  - 存亡(존망): 살아 있는 것과 죽어 없어지는 것.
- **필순**: 一 ナ 广 存 存 存

從

彳부의 8획

- **훈음**: 따를 종
- **단어**:
  - 從來(종래): 유래. 이전부터.
  - 從屬(종속): 붙음.
- **필순**: 彳 彳 彳 彳 彳 従 從 從

鐘

金 부의 12획

- **훈음**: 쇠북 종
- **단어**:
  - 鐘樓(종루) : 종을 달아 두는 누각.
  - 鐘聲(종성) : 종소리.
- **필순**: 스 年 金 鈩 鈩 鋅 鐘 鐘

座

广 부의 7획

- **훈음**: 자리 좌
- **단어**:
  - 座談(좌담) : 마주 자리잡고 앉아서 주고받는 이야기.
  - 座上(좌상) : 여러 사람이 모인 자리.
- **필순**: ` 亠 广 广 庎 座 座 座

朱

木 부의 2획

- **훈음**: 붉을 주
- **단어**:
  - 朱丹(주단) : 곱고 붉은색.
  - 朱黃(주황) : 빨강과 노랑의 중간색.
- **필순**: ′ ╌ ╾ 牛 牛 朱

周

口 부의 5획

- **훈음**: 두루 주
- **단어**:
  - 周圍(주위) : 둘레. 사방.
  - 周邊(주변) : 주위의 가장자리.
- **필순**: 丿 冂 刀 月 用 周 周 周

4급 배정한자

酒	훈음	술 주
酉 부의 3획	단어	酒量(주량) : 술을 마시는 분량. 酒類(주류) : 술의 종류를 다른 물건과 구별하는 말.
	필순	氵 氵 沂 沂 沔 洒 酒 酒

證	훈음	증거 증
言 부의 12획	단어	證明(증명) : 증거를 들어 밝힘. 證言(증언) : 어떤 사실을 말로써 증명함.
	필순	言 言 訁 訁 訡 訡 證 證

持	훈음	가질 지
手 부의 6획	단어	持論(지론) : 늘 갖고 있는 의견. 持病(지병) : 오랫동안 낫지 않아 늘 지니고 있는 병.
	필순	扌 扌 扩 扩 抃 挂 持 持

智	훈음	지혜 지
日 부의 8획	단어	智將(지장) : 지혜가 뛰어난 장수. 智慧(지혜) : 슬기로움.
	필순	ㅗ ㅗ 乍 矢 知 知 智 智

誌

言부의 7획

훈음 기록할 지

단어 月刊誌(월간지) : 매월 발행하는 책.
雜誌(잡지) : 회를 거듭하여 정기적으로 간행되는 책.

필순 亠 亠 言 言 訁 訕 誌 誌 誌

織

糸부의 12획

훈음 짤 직

단어 織物(직물) : 온갖 피륙의 총칭.
織造(직조) : 피륙 같은 것을 기계로 짜는 것.

필순 幺 幺 糸 紵 縒 織 織 織

珍

玉부의 5획

훈음 보배 진

단어 珍奇(진기) : 보배롭고 기이함.
珍味(진미) : 음식의 아주 좋은 맛. 진기한 요리.

필순 一 Ŧ 王 王' 玠 珍 珍 珍

陣

阜부의 7획

훈음 진칠 진

단어 陣列(진열) : 진의 배열.
陣容(진용) : 어떤 단체를 이룬 사람들의 짜임새.

필순 了 阝 阝一 阾 阿 陌 陣 陣

4급 배정한자

盡
皿 부의 9획

훈음: 다할 진

단어:
盡力(진력) : 힘이 닿는 데까지 다함.
盡言(진언) : 생각한 바를 다 말해 버림.

필순: ㄱ ㅋ ㅋ 圭 聿 肀 聿 盡 盡

差
工부의 7획

훈음: 어긋날 차

단어:
差等(차등) : 등급의 차이.
差異(차이) : 서로 같지 않고 틀림.

필순: ` ﹀ ㅗ ㅗ ㅗ 羊 美 差 差

讚
言부의 19획

훈음: 기릴 찬

단어:
讚歌(찬가) : 예찬하는 노래.
讚美(찬미) : 아름다운 덕을 기림. 기리어 칭송함.

필순: 言 言 諅 諅 讃 讃 讃 讚

採
手부의 8획

훈음: 캘 채

단어:
採用(채용) : 인재를 등용함.
採取(채취) : 캐거나 따서 거둬 들임.

필순: 丨 扌 扌 扩 扩 护 採 採

冊

훈음 책 책

단어
冊房(책방) : 책을 파는 곳.
冊床(책상) : 글을 쓰거나 읽을 때 쓰는 궤.

冂부의 3획

필순 丨 冂 冂 冊 冊

泉

훈음 샘 천

단어
泉水(천수) : 샘에서 나는 물.
泉源(천원) : 물이 흐르는 근원.

水부의 5획

필순 ′ 冂 冋 白 宁 身 身 泉

聽

훈음 들을 청

단어
聽講(청강) : 강의를 들음.
聽力(청력) : 소리를 듣는 능력.

耳부의 16획

필순 一 耳 耳 耳 耳 聙 聽 聽

廳

훈음 관청 청

단어
廳舍(청사) : 국가의 사무를 맡아보는 기관. 관청.
退廳(퇴청) : 집무를 마치고 나감.

广부의 16획

필순 一 广 庁 庁 庁 庁 廳 廳

4급 배정한자

招
手 부의 5획

훈음 부를 초

단어
招來(초래) : 불러서 오게 함.
招宴(초연) : 연회에 초대함.

필순 一 亅 扌 扫 扨 招 招 招

推
手 부의 8획

훈음 밀 추

단어
推戴(추대) : 밀어 올림. 모셔 올려 받들음.
推定(추정) : 추측하여 결정함.

필순 亅 扌 扩 扩 扩 扩 抖 推

縮
糸 부의 11획

훈음 줄일 축

단어
縮圖(축도) : 원형보다 줄여 그린 그림. 줄인 그림.
縮小(축소) : 줄여 작게 함.

필순 幺 糸 糸 紓 紓 絃 縮 縮

趣
走 부의 8획

훈음 재미 취

단어
趣旨(취지) : 일의 근본 목적이나 의도.
趣向(취향) : 목적을 정하여 그에 향함. 취미의 방향.

필순 土 キ 走 赶 赺 赹 趣 趣

就

尢부의 9획

훈음 나아갈 취

단어 就任(취임) : 맡은 임무에 나아감.
就寢(취침) : 잠자리에 듦.

필순 亠 亠 亨 京 京 京 就 就

層

尸부의 12획

훈음 층계 층

단어 層階(층계) : 층층이 높이 올라가게 만든 설비. 계층.
高層(고층) : 여러 개로 된 높은 층.

필순 一 尸 尸 尸 屄 屄 層 層

寢

宀부의 11획

훈음 잠잘 침

단어 寢具(침구) : 사람이 잘 때 쓰는 기구. 이불, 베개 따위.
寢室(침실) : 사람이 자는 방.

필순 宀 宀 宀 宀 宀 宁 宦 寢

針

金부의 2획

훈음 바늘 침

단어 一針(일침) : 따끔한 충고라는 뜻.
針線(침선) : 바늘과 실.

필순 丿 ㇀ 乍 乍 乍 金 金 針

4급 배정한자

稱
禾 부의 9획

훈음 일컬을 칭

단어 稱讚(칭찬) : 잘한다고 추어 줌.
稱號(칭호) : 일컫는 이름.

필순 二 千 禾 禾 秆 秆 秤 稱 稱

彈
弓 부의 12획

훈음 탄알 탄

단어 彈力(탄력) : 용수철처럼 튕기는 힘.
彈藥(탄약) : 탄환과 그를 발사하기 위한 화약의 총칭.

필순 丶 弓 弓" 弓" 彈 彈 彈

歎
欠 부의 11획

훈음 탄식할 탄

단어 感歎(감탄) : 감동하여 한탄함.
歎聲(탄성) : 탄식하는 소리.

필순 一 廿 甘 莒 莫 歎 歎 歎

脫
肉 부의 7획

훈음 벗을 탈

단어 脫落(탈락) : 어떤 데 끼이지 못하고 떨어짐.
脫色(탈색) : 들인 물색을 뺌.

필순 刀 月 月" 月" 肸 肸 胪 脫

探

훈음 찾을 탐

단어
探究(탐구) : 더듬어 연구함.
探問(탐문) : 알려지지 않은 사실을 더듬어 찾아가 물음.

手부의 8획

필순 亅 扌 扩 扩 扩 挦 挦 探

擇

훈음 가릴 택

단어
擇一(택일) : 여럿 중에 하나를 고름.
選擇(선택) : 골라 뽑음.

手부의 13획

필순 亅 扌 扩 扞 挥 擇 擇 擇

討

훈음 칠 토

단어
討伐(토벌) : 군대를 보내어 침.
討逆(토역) : 역적을 토벌함.

言부의 3획

필순 亠 亖 言 言 言 訁 訃 討

痛

훈음 아플 통

단어
痛症(통증) : 아픈 증세.
苦痛(고통) : 몸이나 마음의 괴로움과 아픔.

疒부의 7획

필순 亠 广 疒 疒 疒 痄 痛 痛

4급 배정한자

投
手 부의 4획

훈음 던질 투

단어
投機(투기) : 기회를 엿보아 큰 이익을 보려는 짓.
投藥(투약) : 병에 약제를 투여함.

필순

鬪
門 부의 10획

훈음 싸울 투

단어
鬪志(투지) : 싸우고자 하는 의지.
鬪士(투사) : 전투나 투쟁에 나가 싸우는 사람.

필순

派
水 부의 6획

훈음 갈래 파

단어
派遣(파견) : 사람을 보냄.
派兵(파병) : 군대를 파출하는 일.

필순

判
刀 부의 5획

훈음 판단할 판

단어
判決(판결) : 시비, 선악을 가리어 결정함.
判別(판별) : 판단하여 구별함.

필순

篇
竹 부의 9획

훈음 책 편

단어
短篇(단편) : 짤막한 글이나 영화.
長篇(장편) : 내용이 복잡하고 긴 시가, 소설, 영화 등.

필순 ⸌ ⸌⸌ 竺 竺 竺 笞 篇 篇

篇

評
言 부의 5획

훈음 평론할 평

단어
評價(평가) : 물건의 값을 정함.
評論(평론) : 사물의 가치, 선악 따위를 비평하여 논함.

필순 ⸌ ⸌ ⸌ 言 訁 訏 評 評

評

閉
門 부의 3획

훈음 닫을 폐

단어
閉業(폐업) : 문을 닫고 영업을 쉼.
閉場(폐장) : 회장이나 극장 등을 닫음.

필순 ⎮ ⎮⎯ 𠁼 𠁼 門 門 閉 閉

閉

胞
肉 부의 5획

훈음 세포 포

단어
胞子(포자) : 식물의 특별한 생식세포.
胞胎(포태) : 아이를 뱀.

필순 ⎮ ⎮⎮ 月 𦙾 肑 朐 朐 胞

胞

4급 배정한자

爆

火 부의 15획

- **훈음**: 터질 폭
- **단어**:
  - 爆死(폭사) : 폭탄의 파열로 인하여 죽음.
  - 爆破(폭파) : 폭발시켜서 파괴함.
- **필순**: 火 灯 炉 煋 煤 煤 爆 爆

標

木 부의 11획

- **훈음**: 표할 표
- **단어**:
  - 標本(표본) : 본보기가 되는 물건.
  - 標木(표목) : 표를 하기 위하여 세운 나무 푯말.
- **필순**: 木 朮 杯 標 桓 標 標 標

疲

疒 부의 5획

- **훈음**: 피곤할 피
- **단어**:
  - 疲困(피곤) : 몸이 지치어 고달픔.
  - 疲弊(피폐) : 낡고 형세가 약해짐.
- **필순**: 亠 广 疒 疒 疒 疒 疲 疲

避

辶 부의 13획

- **훈음**: 피할 피
- **단어**:
  - 避難(피난) : 재난을 피하여 다른 곳으로 옮겨감.
  - 避署(피서) : 선선한 곳으로 옮겨 더위를 피함.
- **필순**: ⁊ 尸 㠯 辟 辟 辟 避 避

恨
心 부의 6획

훈음 한할 한

단어
恨歎(한탄) : 원통히 여기어 탄식함.
悔恨(회한) : 뉘우치고 한탄함.

필순 丶 忄 忄 忄 忄 恨 恨 恨

閑
門 부의 4획

훈음 한할 한

단어
閑談(한담) : 심심풀이로 하는 이야기.
閑職(한직) : 한가한 자리. 중요하지 않은 직위나 직무.

필순 丨 冂 冂 冂 冂 門 門 閑 閑

抗
手 부의 4획

훈음 막을 항

단어
抗拒(항거) : 대항함. 버팀.
抗議(항의) : 반대의 의견을 주장함.

필순 一 十 扌 扌 扩 扩 抗

核
木 부의 6획

훈음 씨 핵

단어
核武器(핵무기) : 핵 에너지를 이용한 여러 가지 무기.
核心(핵심) : 사물의 중심이 되는 부분.

필순 十 木 木 朴 杧 杄 核 核

4급 배정한자

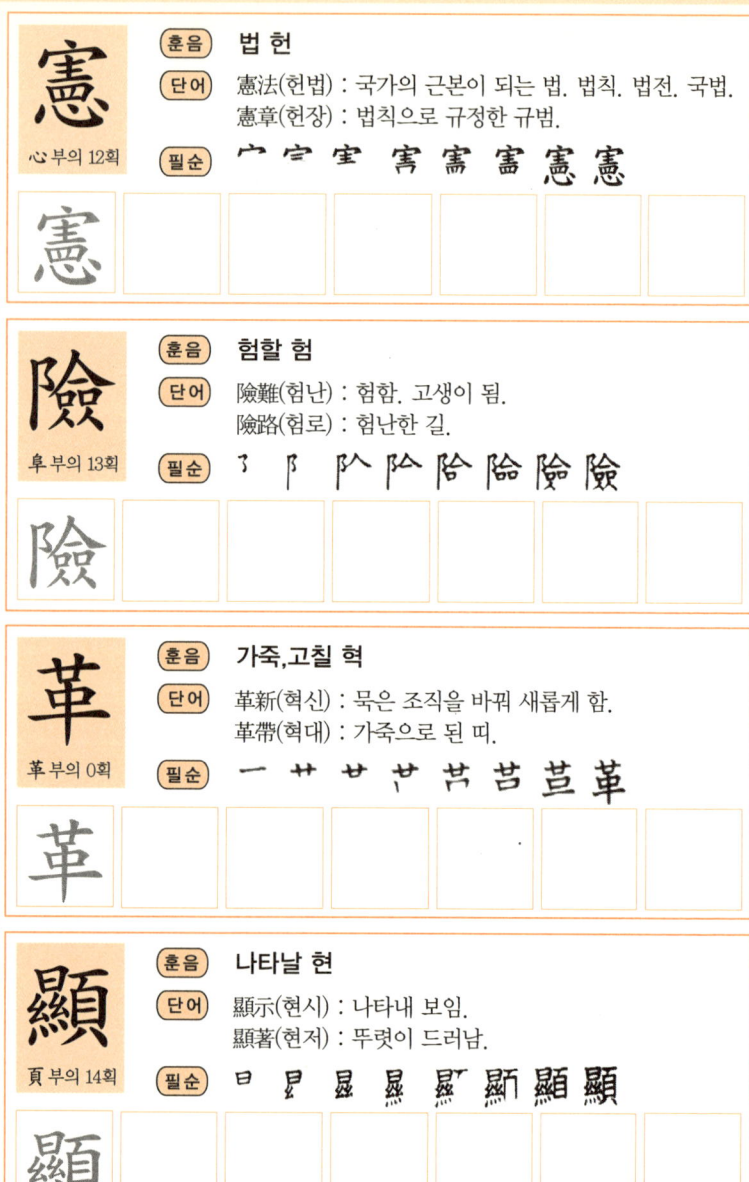

刑

刀부의 4획

- **훈음**: 형벌 형
- **단어**:
  - 刑事(형사) : 형법의 적용을 받는 일.
  - 刑罰(형벌) : 죄를 줌. 국가가 죄인에게 주는 제재.
- **필순**: 一 二 F 开 刑 刑

或

戈부의 4획

- **훈음**: 혹시 혹
- **단어**:
  - 或說(혹설) : 어떠한 사람의 말.
  - 或是(혹시) : 어떠한 때. 행여나.
- **필순**: 一 厂 币 币 戸 或 或 或

婚

女부의 8획

- **훈음**: 혼인할 혼
- **단어**:
  - 婚談(혼담) : 혼인을 약속하기 전에 오고 가는 말.
  - 婚事(혼사) : 혼인에 관한 모든 일.
- **필순**: 乚 夕 女 妖 妖 娇 婚 婚

混

水부의 8획

- **훈음**: 섞일 혼
- **단어**:
  - 混同(혼동) : 뒤섞어 보거나 잘못 판단함.
  - 混亂(혼란) : 한데 뒤죽박죽이 됨.
- **필순**: 氵 氵 汙 浔 浔 混 混 混

4급 배정한자

紅

糸 부의 3획

훈음: 붉을 홍

단어:
紅蔘(홍삼) : 수삼을 쪄서 말린 붉은 빛이 나는 인삼.
紅顏(홍안) : 젊어서 혈색이 좋음.

필순: 〰 幺 幺 糸 糸 糸 紅 紅

華

艹 부의 8획

훈음: 빛날 화

단어:
華麗(화려) : 빛나고 아름다움.
華燭(화촉) : 혼례 의식에서 밝히는 촛불. 혼례식.

필순: ノ 十 艹 艹 芒 苹 莖 華

環

玉 부의 13획

훈음: 고리 환

단어:
環境(환경) : 주위의 사물이나 사정.
環視(환시) : 사방을 둘러봄.

필순: 丁 王 𤣩 玾 琂 珺 瑻 環

歡

欠 부의 18획

훈음: 기뻐할 환

단어:
歡聲(환성) : 기뻐 고함치는 소리.
歡心(환심) : 기쁘고 즐거운 마음.

필순: ノ 十 𦭜 萛 萛 藿 歡 歡

況

水 부의 5획

훈음: 하물며 황

단어:
狀況(상황) : 일이 되어 가는 형편이나 모양.
況且(황차) : 하물며. 더구나.

필순: 丶 丶 氵 氵 冴 沪 況 況

灰

火 부의 2획

훈음: 재 회

단어:
灰色(회색) : 잿빛.
石灰(석회) : 석회암을 태워서 얻은 생석회.

필순: 一 ナ た た 灰 灰

厚

厂 부의 7획

훈음: 두터울 후

단어:
厚德(후덕) : 덕행이 두터움.
厚謝(후사) : 후하게 사례함.

필순: 一 厂 厂 厂 厚 厚 厚 厚

候

人 부의 8획

훈음: 날씨 후

단어:
候補(후보) : 장차 어떤 신분, 직위에 나아갈 자격이 있음.
候鳥(후조) : 계절 따라 옮겨 사는 새. 철새.

필순: 亻 亻 伫 伫 伫 伫 候 候

4급 배정한자

揮

手 부의 9획

- **훈음**: 휘두를 휘
- **단어**:
  - 揮發(휘발) : 액체가 기체로 변하여 날아 감.
  - 揮筆(휘필) : 붓을 휘둘러 글씨를 씀.
- **필순**: 丨 扌 扩 扩 扭 捏 捏 揮

喜

口 부의 9획

- **훈음**: 기쁠 희
- **단어**:
  - 喜樂(희락) : 기뻐하고 즐거워함.
  - 喜怒(희로) : 기쁨과 노여움.
- **필순**: 一 十 士 吉 吉 青 壴 喜

부록

자의(字義) 및 어의(語義)의 변화

1. 같은 뜻을 가진 글자로 이루어진 말 (類義結合語)

歌(노래 가) - 謠(노래 요)
家(집 가) - 屋(집 옥)
覺(깨달을 각) - 悟(깨달을 오)
間(사이 간) - 隔(사이뜰 격)
居(살 거) - 住(살 주)
揭(높이들 게) - 揚(올릴 양)
堅(굳을 견) - 固(굳을 고)
雇(품팔 고) - 傭(품팔이 용)
攻(칠 공) - 擊(칠 격)
恭(공손할 공) - 敬(공경할 경)
恐(두려울 공) - 怖(두려울 포)
空(빌 공) - 虛(빌 허)
貢(바칠 공) - 獻(드릴 헌)
過(지날 과) - 去(갈 거)
具(갖출 구) - 備(갖출 비)
飢(주릴 기) - 餓(주릴 아)
技(재주 기) - 藝(재주 예)
敦(도타울 돈) - 篤(도타울 독)
勉(힘쓸 면) - 勵(힘쓸 려)
滅(멸망할 멸) - 亡(망할 망)
毛(털 모) - 髮(터럭 발)
茂(우거질 무) - 盛(성할 성)
返(돌이킬 반) - 還(돌아올 환)
法(법 법) - 典(법 전)

附(붙을 부) - 屬(붙을 속)
扶(도울 부) - 助(도울 조)
墳(무덤 분) - 墓(무덤 묘)
批(비평할 비) - 評(평론할 평)
舍(집 사) - 宅(집 택)
釋(풀 석) - 放(놓을 방)
選(가릴 선) - 擇(가릴 택)
洗(씻을 세) - 濯(빨 탁)
樹(나무 수) - 木(나무 목)
始(처음 시) - 初(처음 초)
身(몸 신) - 體(몸 체)
尋(찾을 심) - 訪(찾을 방)
哀(슬플 애) - 悼(슬퍼할 도)
念(생각할 염) - 慮(생각할 려)
要(구할 요) - 求(구할 구)
憂(근심 우) - 愁(근심 수)
怨(원망할 원) - 恨(한할 할)
隆(성할 융) - 盛(성할 성)
恩(은혜 은) - 惠(은혜 혜)
衣(옷 의) - 服(옷 복)
災(재앙 재) - 禍(재앙 화)
貯(쌓을 저) - 蓄(쌓을 축)
淨(깨끗할 정) - 潔(깨끗할 결)
精(정성 정) - 誠(정성 성)

製(지을 제) - 作(지을 작)
製(지을 제) - 造(지을 조)
終(마칠 종) - 了(마칠 료)
住(살 주) - 居(살 거)
俊(뛰어날 준) - 秀(빼어날 수)
中(가운데 중) - 央(가운데 앙)
知(알 지) - 識(알 식)
珍(보배 진) - 寶(보배 보)
進(나아갈 진) - 就(나아갈 취)
質(물을 질) - 問(물을 문)
倉(곳집 창) - 庫(곳집 고)
菜(나물 채) - 蔬(나물 소)
尺(자 척) - 度(자 도)
淸(맑을 청) - 潔(깨끗할 결)
聽(들을 청) - 聞(들을 문)
淸(맑을 청) - 淨(맑을 정)
打(칠 타) - 擊(칠 격)
討(칠 토) - 伐(칠 벌)
鬪(싸움 투) - 爭(다툴 쟁)
畢(마칠 필) - 竟(마침내 경)
寒(찰 한) - 冷(찰 냉)
恒(항상 항) - 常(항상 상)
和(화할 화) - 睦(화목할 목)
歡(기쁠 환) - 喜(기쁠 희)

280

皇(임금 황) – 帝(임금 제)　　希(바랄 희) – 望(바랄 망)

2. 반대의 뜻을 가진 글자로 이루어진 말 (反義結合語)

加(더할 가)↔減(덜 감)　　來(올 래)↔往(갈 왕)　　始(비로소 시)↔終(마칠 종)
可(옳을 가)↔否(아닐 부)　　冷(찰 랭)↔溫(따뜻할 온)　　始(비로소 시)↔末(끝 말)
干(방패 간)↔戈(창 과)　　矛(창 모)↔盾(방패 순)　　新(새 신)↔舊(옛 구)
强(강할 강)↔弱(약할 약)　　問(물을 문)↔答(답할 답)　　伸(펼 신)↔縮(오그라들 축)
開(열 개)↔閉(닫을 폐)　　賣(팔 매)↔買(살 매)　　深(깊을 심)↔淺(얕을 천)
去(갈 거)↔來(올 래)　　明(밝을 명)↔暗(어두울 암)　　安(편안할 안)↔危(위태할 위)
輕(가벼울 경)↔重(무거울 중)　　美(아름다울 미)↔醜(추할 추)　　愛(사랑 애)↔憎(미워할 증)
慶(경사 경)↔弔(조상할 조)　　腹(배 복)↔背(등 배)　　哀(슬플 애)↔歡(기뻐할 환)
經(날 경)↔緯(씨 위)　　夫(지아비 부)↔妻(아내 처)　　抑(누를 억)↔揚(들날릴 양)
乾(하늘 건)↔坤(땅 곤)　　浮(뜰 부)↔沈(잠길 침)　　榮(영화 영)↔辱(욕될 욕)
姑(시어미 고)↔婦(며느리 부)　　貧(가난할 빈)↔富(넉넉할 부)　　緩(느릴 완)↔急(급할 급)
苦(괴로울 고)↔樂(즐거울 락)　　死(죽을 사)↔活(살 활)　　往(갈 왕)↔復(돌아올 복)
高(높을 고)↔低(낮을 저)　　盛(성할 성)↔衰(쇠잔할 쇠)　　優(넉넉할 우)↔劣(용렬할 렬)
功(공 공)↔過(허물 과)　　成(이룰 성)↔敗(패할 패)　　恩(은혜 은)↔怨(원망할 원)
攻(칠 공)↔防(막을 방)　　善(착할 선)↔惡(악할 악)　　陰(그늘 음)↔陽(볕 양)
近(가까울 근)↔遠(멀 원)　　損(덜 손)↔益(더할 익)　　離(떠날 리)↔合(합할 합)
吉(길할 길)↔凶(흉할 흉)　　送(보낼 송)↔迎(맞을 영)　　隱(숨을 은)↔現(나타날 현)
難(어려울 난)↔易(쉬울 이)　　疎(드물 소)↔密(빽빽할 밀)　　任(맡길 임)↔免(면할 면)
濃(짙을 농)↔淡(엷을 담)　　需(쓸 수)↔給(줄 급)　　雌(암컷 자)↔雄(수컷 웅)
斷(끊을 단)↔續(이을 속)　　首(머리 수)↔尾(꼬리 미)　　早(이를 조)↔晚(늦을 만)
當(마땅 당)↔落(떨어질 락)　　受(받을 수)↔授(줄 수)　　朝(아침 조)↔夕(저녁 석)
貸(빌릴 대)↔借(빌려줄 차)　　昇(오를 승)↔降(내릴 강)　　尊(높을 존)↔卑(낮을 비)
得(얻을 득)↔失(잃을 실)　　勝(이길 승)↔敗(패할 패)　　主(주인 주)↔從(따를 종)

眞(참 진) ↔ 僞(거짓 위)   出(날 출) ↔ 納(들일 납)   虛(빌 허) ↔ 實(열매 실)
增(더할 증) ↔ 減(덜 감)   親(친할 친) ↔ 疎(성길 소)   厚(두터울 후) ↔ 薄(엷을 박)
集(모을 집) ↔ 散(흩을 산)   表(겉 표) ↔ 裏(속 리)   喜(기쁠 희) ↔ 悲(슬플 비)
添(더할 첨) ↔ 削(깎을 삭)   寒(찰 한) ↔ 暖(따뜻할 난)
淸(맑을 청) ↔ 濁(흐릴 탁)   禍(재화 화) ↔ 福(복 복)

3. 서로 상반 되는 말 (相對語)

可決(가결) ↔ 否決(부결)   儉約(검약) ↔ 浪費(낭비)   急性(급성) ↔ 慢性(만성)
架空(가공) ↔ 實際(실제)   輕減(경감) ↔ 加重(가중)   急行(급행) ↔ 緩行(완행)
假象(가상) ↔ 實在(실재)   經度(경도) ↔ 緯度(위도)   肯定(긍정) ↔ 否定(부정)
加熱(가열) ↔ 冷却(냉각)   輕率(경솔) ↔ 愼重(신중)   旣決(기결) ↔ 未決(미결)
干涉(간섭) ↔ 放任(방임)   輕視(경시) ↔ 重視(중시)   奇拔(기발) ↔ 平凡(평범)
減少(감소) ↔ 增加(증가)   高雅(고아) ↔ 卑俗(비속)   飢餓(기아) ↔ 飽食(포식)
感情(감정) ↔ 理性(이성)   固定(고정) ↔ 流動(유동)   吉兆(길조) ↔ 凶兆(흉조)
剛健(강건) ↔ 柔弱(유약)   高調(고조) ↔ 低調(저조)   樂觀(낙관) ↔ 悲觀(비관)
强硬(강경) ↔ 柔和(유화)   供給(공급) ↔ 需要(수요)   落第(낙제) ↔ 及第(급제)
開放(개방) ↔ 閉鎖(폐쇄)   空想(공상) ↔ 現實(현실)   樂天(낙천) ↔ 厭世(염세)
個別(개별) ↔ 全體(전체)   過激(과격) ↔ 穩健(온건)   暖流(난류) ↔ 寒流(한류)
客觀(객관) ↔ 主觀(주관)   官尊(관존) ↔ 民卑(민비)   濫用(남용) ↔ 節約(절약)
客體(객체) ↔ 主體(주체)   光明(광명) ↔ 暗黑(암흑)   朗讀(낭독) ↔ 默讀(묵독)
巨大(거대) ↔ 微少(미소)   巧妙(교묘) ↔ 拙劣(졸렬)   內容(내용) ↔ 形式(형식)
巨富(거부) ↔ 極貧(극빈)   拘禁(구금) ↔ 釋放(석방)   老練(노련) ↔ 未熟(미숙)
拒絶(거절) ↔ 承諾(승락)   拘束(구속) ↔ 放免(방면)   濃厚(농후) ↔ 稀薄(희박)
建設(건설) ↔ 破壞(파괴)   求心(구심) ↔ 遠心(원심)   能動(능동) ↔ 被動(피동)
乾燥(건조) ↔ 濕潤(습윤)   屈服(굴복) ↔ 抵抗(저항)   多元(다원) ↔ 一元(일원)
傑作(걸작) ↔ 拙作(졸작)   權利(권리) ↔ 義務(의무)   單純(단순) ↔ 複雜(복잡)

單式(단식) ↔ 複式(복식)	非凡(비범) ↔ 平凡(평범)	自動(자동) ↔ 手動(수동)
短縮(단축) ↔ 延長(연장)	悲哀(비애) ↔ 歡喜(환희)	自律(자율) ↔ 他律(타율)
大乘(대승) ↔ 小乘(소승)	死後(사후) ↔ 生前(생전)	自意(자의) ↔ 他意(타의)
對話(대화) ↔ 獨白(독백)	削減(삭감) ↔ 添加(첨가)	敵對(적대) ↔ 友好(우호)
都心(도심) ↔ 郊外(교외)	散文(산문) ↔ 韻文(운문)	絶對(절대) ↔ 相對(상대)
獨創(독창) ↔ 模倣(모방)	相剋(상극) ↔ 相生(상생)	漸進(점진) ↔ 急進(급진)
滅亡(멸망) ↔ 興隆(흥륭)	常例(상례) ↔ 特例(특례)	靜肅(정숙) ↔ 騷亂(소란)
名譽(명예) ↔ 恥辱(치욕)	喪失(상실) ↔ 獲得(획득)	正午(정오) ↔ 子正(자정)
無能(무능) ↔ 有能(유능)	詳述(상술) ↔ 略述(약술)	定着(정착) ↔ 漂流(표류)
物質(물질) ↔ 精神(정신)	生食(생식) ↔ 火食(화식)	弔客(조객) ↔ 賀客(하객)
密集(밀집) ↔ 散在(산재)	先天(선천) ↔ 後天(후천)	直系(직계) ↔ 傍系(방계)
反抗(반항) ↔ 服從(복종)	成熟(성숙) ↔ 未熟(미숙)	眞實(진실) ↔ 虛僞(허위)
放心(방심) ↔ 操心(조심)	消極(소극) ↔ 積極(적극)	質疑(질의) ↔ 應答(응답)
背恩(배은) ↔ 報恩(보은)	所得(소득) ↔ 損失(손실)	斬新(참신) ↔ 陣腐(진부)
凡人(범인) ↔ 超人(초인)	疎遠(소원) ↔ 親近(친근)	縮小(축소) ↔ 擴大(확대)
別居(별거) ↔ 同居(동거)	淑女(숙녀) ↔ 紳士(신사)	快樂(쾌락) ↔ 苦痛(고통)
保守(보수) ↔ 進步(진보)	順行(순행) ↔ 逆行(역행)	快勝(쾌승) ↔ 慘敗(참패)
本業(본업) ↔ 副業(부업)	靈魂(영혼) ↔ 肉體(육체)	好況(호황) ↔ 不況(불황)
富裕(부유) ↔ 貧窮(빈궁)	憂鬱(우울) ↔ 明朗(명랑)	退化(퇴화) ↔ 進化(진화)
不實(부실) ↔ 充實(충실)	連敗(연패) ↔ 連勝(연승)	敗北(패배) ↔ 勝利(승리)
敷衍(부연) ↔ 省略(생략)	偶然(우연) ↔ 必然(필연)	虐待(학대) ↔ 優待(우대)
否認(부인) ↔ 是認(시인)	恩惠(은혜) ↔ 怨恨(원한)	合法(합법) ↔ 違法(위법)
分析(분석) ↔ 綜合(종합)	依他(의타) ↔ 自立(자립)	好材(호재) ↔ 惡材(악재)
紛爭(분쟁) ↔ 和解(화해)	人爲(인위) ↔ 自然(자연)	好轉(호전) ↔ 逆轉(역전)
不運(불운) ↔ 幸運(행운)	立體(입체) ↔ 平面(평면)	興奮(흥분) ↔ 鎭靜(진정)
非番(비번) ↔ 當番(당번)	入港(입항) ↔ 出港(출항)	

4. 같은 뜻과 비슷한 뜻을 가진 말 (同義語, 類義語)

巨商(거상) - 大商(대상)
謙遜(겸손) - 謙虛(겸허)
共鳴(공명) - 首肯(수긍)
古刹(고찰) - 古寺(고사)
交涉(교섭) - 折衝(절충)
飢死(기사) - 餓死(아사)
落心(낙심) - 落膽(낙담)
妄想(망상) - 夢想(몽상)
謀陷(모함) - 中傷(중상)
矛盾(모순) - 撞着(당착)
背恩(배은) - 亡德(망덕)
寺院(사원) - 寺刹(사찰)
象徵(상징) - 表象(표상)
書簡(서간) - 書翰(서한)
視野(시야) - 眼界(안계)
淳朴(순박) - 素朴(소박)
始祖(시조) - 鼻祖(비조)
威脅(위협) - 脅迫(협박)
一豪(일호) - 秋豪(추호)
要請(요청) - 要求(요구)
精誠(정성) - 至誠(지성)
才能(재능) - 才幹(재간)
嫡出(적출) - 嫡子(적자)
朝廷(조정) - 政府(정부)

學費(학비) - 學資(학자)
土臺(토대) - 基礎(기초)
答書(답서) - 答狀(답장)
瞑想(명상) - 思想(사상)
侮蔑(모멸) - 凌蔑(능멸)
莫論(막론) - 勿論(물론)
貿易(무역) - 交易(교역)
放浪(방랑) - 流浪(유랑)
符合(부합) - 一致(일치)
昭詳(소상) - 仔細(자세)
順從(순종) - 服從(복종)
兵營(병영) - 兵舍(병사)
上旬(상순) - 初旬(초순)
永眠(영면) - 別世(별세)
戰歿(전몰) - 戰死(전사)
周旋(주선) - 斡旋(알선)
弱點(약점) - 短點(단점)
類似(유사) - 恰似(흡사)
天地(천지) - 乾坤(건곤)
滯留(체류) - 滯在(체재)
招待(초대) - 招請(초청)
祭需(제수) - 祭物(제물)
造花(조화) - 假花(가화)
他鄕(타향) - 他官(타관)

海外(해외) - 異域(이역)
畢竟(필경) - 結局(결국)
戲弄(희롱) - 籠絡(농락)
寸土(촌토) - 尺土(척토)
煩悶(번민) - 煩惱(번뇌)
先考(선고) - 先親(선친)
同窓(동창) - 同門(동문)
目睹(목도) - 目擊(목격)
思考(사고) - 思惟(사유)
觀點(관점) - 見解(견해)
矜持(긍지) - 自負(자부)
丹靑(단청) - 彩色(채색)

5. 음은 같고 뜻이 다른 말 (同音異義語)

가계
- 家系 : 한 집안의 계통.
- 家計 : 살림살이.

가구
- 家口 : 주거와 생계 단위.
- 家具 : 살림에 쓰이는 세간.

가사
- 歌詞 : 노랫말.
- 歌辭 : 조선시대에 성행했던 시가(詩歌)의 형태.
- 家事 : 집안 일.
- 假死 : 죽음에 가까운 상태.
- 袈裟 : 승려가 입는 승복.

가설
- 假設 : 임시로 설치함.
- 假說 : 가정해서 하는 말.

가장
- 家長 : 집안의 어른.
- 假裝 : 가면으로 꾸밈.
- 假葬 : 임시로 만든 무덤.

감상
- 感想 : 마음에 느끼어 일어나는 생각.
- 鑑賞 : 예술 작품 따위를 이해하고 음미함.
- 感傷 : 마음에 느껴 슬퍼함.

개량
- 改良 : 고쳐서 좋게 함.
- 改量 : 다시 측정함.

개정
- 改定 : 고쳐서 다시 정함.
- 改正 : 바르게 고침.
- 改訂 : 고쳐서 정정함

결의
- 決議 : 의안이나 의제 등의 가부를 회의에서 결정함.
- 決意 : 뜻을 정하여 굳게 마음 먹음.
- 結義 : 남남끼리 친족의 의리를 맺음.

경계
- 警戒 : 범죄나 사고 등이 일어나지 않도록 미리 조심함.
- 敬啓 : '삼가 말씀 드립니다'의 뜻.
- 境界 : 지역이 나누어지는 한계.

경기
- 競技 : 운동이나 무예 등의 기술, 능력을 겨루어 승부를 가림.
- 京畿 : 서울을 중심으로 한 가까운 지방.
- 景氣 : 기업을 중심으로 한 여러 가지 경제의 상태.

경비
- 警備 : 경계하고 지킴.
- 經費 : 일을 처리하는데 드는 비용.

경로
- 經路 : 일이 되어 가는 형편이나 순서.
- 敬老 : 노인을 공경함.

공론
- 公論 : 공평한 의론.
- 空論 : 쓸데없는 의론.

공약
- 公約 : 공중(公衆)에 대한 약속.
- 空約 : 헛된 약속.

과정
- 過程 : 일이 되어가는 경로.
- 課程 : 과업의 정도. 학년의 정도에 따른 과목.

교감
- 校監 : 학교장을 보좌하여 학교 업무를 감독하는 직책.
- 交感 : 서로 접촉하여 감응함.
- 矯監 : 교도관 계급의 하나.

교단
- 校壇 : 학교의 운동장에 만들어 놓은 단.
- 敎壇 : 교실에서 교사가 강의할 때 올라서는 단.
- 敎團 : 같은 교의(敎義)를 믿는 사람끼리 모여 만든 종교 단체.

교정
- 校訂 : 출판물의 잘못된 글자나 어구 따위를 바르게 고침.
- 校正 : 잘못된 글자를 대조하여 바로잡음.
- 校庭 : 학교 운동장.
- 矯正 : 좋지 않은 버릇이나 결점 따위를 바로 잡아 고침.

구전
- 口傳 : 입으로 전하여 짐. 말로 전해 내려옴.
- 口錢 : 흥정을 붙여주고 그 보수로 받는 돈.

구조 { 救助 : 위험한 상태에 있는 사람을 도와서 구원함.
      構造 : 어떤 물건이나 조직체 따위의 전체를 이루는 관계.

구호 { 救護 : 어려운 사람을 보호함.
      口號 : 대중집회나 시위 등에서 어떤 주장이나 요구를 나타내는 짧은 문구.

귀중 { 貴中 : 편지를 받을 단체의 이름 뒤에 쓰이는 높임말.
      貴重 : 매우 소중함.

금수 { 禽獸 : 날짐승과 길짐승.
      禁輸 : 수출이나 수입을 금지함.
      錦繡 : 수놓은 비단.

급수 { 給水 : 물을 공급함.
      級數 : 기술의 우열을 가르는 등급.

기능 { 技能 : 기술상의 재능.
      機能 : 작용, 또는 어떠한 기관의 활동 능력.

기사 { 技士 : 기술직의 이름.
      棋士 : 바둑을 전문적으로 두는 사람.
      騎士 : 말을 탄 무사.
      記事 : 사실을 적음. 신문이나 잡지 등에 어떤 사실을 실어 알리는 일.
      記寫 : 기록하여 씀.

기수 { 旗手 : 단체 행진 중에서 표시가 되는 깃발을 든 사람.
      騎手 : 말을 타는 사람.
      機首 : 비행기의 앞머리.

기원 { 紀元 : 역사상으로 연대를 계산할 때에 기준이 되는 첫 해. 나라를 세운 첫 해.
      祈願 : 소원이 이루어지기를 빎.
      起源 : 사물이 생긴 근원.
      棋院 : 바둑을 두려는 사람에게 장소를 제공하는 업소.

노력 { 勞力 : 어떤 일을 하는데 드는 힘. 생산에 드는 인력(人力).
      努力 : 어떤 일을 이루기 위하여 힘을 다하여 애씀.

노장
- 老壯 : 늙은이와 장년.
- 老莊 : 노자와 장자.
- 老將 : 늙은 장수. 오랜 경험으로 뛰어난 능력을 가진 사람.

녹음
- 綠陰 : 푸른 잎이 우거진 나무 그늘.
- 錄音 : 소리를 재생할 수 있도록 기계로 기록하는 일.

단절
- 斷絕 : 관계를 끊음.
- 斷切 : 꺾음. 부러뜨림.

단정
- 端整 : 깔끔하고 가지런함. 얼굴 모습이 반듯하고 아름다움.
- 斷情 : 정을 끊음.
- 斷定 : 분명한 태도로 결정함. 명확하게 판단을 내림.

단편
- 短篇 : 소설이나 영화 등에서 길이가 짧은 작품.
- 斷片 : 여럿으로 끊어진 조각.
- 斷編 : 조각조각 따로 떨어진 짧은 글.

동지
- 冬至 : 24절기의 하나.
- 同志 : 뜻을 같이 하는 일. 또는 그런 사람.

동정
- 動靜 : 움직임과 조용함.
- 童貞 : 이성과의 성적 관계가 아직 없는 순결성 또는 사람. 가톨릭에서 '수도자'를 일컫는 말.
- 同情 : 남의 불행이나 슬픔 따위를 자기 일처럼 생각하여 가슴 아파함.

발전
- 發展 : 세력 따위가 널리 뻗어 나감.
- 發電 : 전기를 일으킴.

방문
- 訪問 : 남을 찾아봄.
- 房門 : 방으로 드나드는 문.

방화
- 防火 : 불이 나지 않도록 미리 단속함.
- 放火 : 일부러 불을 지름.
- 邦畵 : 우리 나라 영화.
- 邦貨 : 우리 나라 화폐.

보고
- 寶庫 : 귀중한 것이 갈무리되어 있는 곳.
- 報告 : 결과나 내용을 알림.

보도
- 步道 : 사람이 다니는 길.
- 報道 : 신문이나 방송으로 새 소식을 널리 알림.
- 寶刀 : 보배로운 칼.

부인
- 婦人 : 기혼 여자.
- 夫人 : 남의 아내를 높이어 이르는 말.
- 否認 : 인정하지 않음.

부정
- 否定 : 그렇지 않다고 단정함.
- 不正 : 바르지 못함.
- 不貞 : 여자가 정조를 지키지 않음.
- 不淨 : 깨끗하지 못함.

비행
- 非行 : 도리나 도덕 또는 법규에 어긋나는 행위.
- 飛行 : 항공기 따위의 물체가 하늘을 날아다님.

비명
- 碑銘 : 비(碑)에 새긴 글.
- 悲鳴 : 몹시 놀라거나 괴롭거나 다급할 때에 지르는 외마디 소리.
- 非命 : 제 목숨대로 살지 못함.

비보
- 飛報 : 급한 통지.
- 悲報 : 슬픈 소식.

사고
- 思考 : 생각하고 궁리함.
- 事故 : 뜻밖에 잘못 일어나거나 저절로 일어난 사건이나 탈.
- 四苦 : 불교에서, 사람이 한 평생을 살면서 겪는 생(生), 노(老), 병(病), 사(死)의 네 가지 괴로움을 이르는 말.
- 史庫 : 조선 시대 때, 역사 기록이나 중요한 서적을 보관하던 정부의 곳집.
- 社告 : 회사에서 내는 광고.

사상
- 史上 : 역사상.
- 死傷 : 죽음과 다침.
- 事象 : 어떤 사정 밑에서 일어나는 사건이나 사실.
- 思想 : 생각이나 의견. 사고 작용으로 얻은 체계적 의식 내용.

사서
- 辭書 : 사전.
- 四書 : 유교 경전인 논어(論語), 맹자(孟子), 대학(大學), 중용(中庸)을 말함.
- 史書 : 역사에 관한 책.

사수
- 射手 : 총포나 활 따위를 쏘는 사람.
- 死守 : 목숨을 걸고 지킴.
- 詐數 : 속임수.

사실
- 史實 : 역사에 실제로 있는 사실(事實).
- 寫實 : 사물을 실제 있는 그대로 그려냄.
- 事實 : 실제로 있었던 일.

사은
- 師恩 : 스승의 은혜.
- 謝恩 : 입은 은혜에 대하여 감사함.
- 私恩 : 개인끼리 사사로이 입은 은혜.

사장
- 社長 : 회사의 우두머리.
- 査丈 : 사돈집의 웃어른.
- 射場 : 활 쏘는 터.

사전
- 辭典 : 낱말을 모아 일정한 순서로 배열하여 싣고 그 발음, 뜻 등을 해설한 책.
- 事典 : 여러 가지 사물이나 사항을 모아 그 하나 하나에 장황한 해설을 붙인 책.
- 私田 : 개인 소유의 밭.
- 事前 : 무슨 일이 일어나기 전.

사정
- 査正 : 그릇된 것을 조사하여 바로잡음.
- 司正 : 공직에 있는 사람의 질서와 규율을 바로 잡는 일.
- 事情 : 일의 형편이나 그렇게 된 까닭.

상가
- 商街 : 상점이 줄지어 많이 늘어 서 있는 거리.
- 商家 : 장사를 업으로 하는 집.
- 喪家 : 초상난 집.

상품
- 上品 : 높은 품격. 상치. 극락정토의 최상급.
- 商品 : 사고 파는 물건.
- 賞品 : 상으로 주는 물품.

상대
- 盛大 : 행사의 규모, 집회, 기세 따위가 아주 거창함.
- 聲帶 : 후두 중앙에 있는, 소리를 내는 기관.

성시
- 成市 : 장이 섬. 시장을 이룸.
- 盛市 : 성황을 이룬 시장.
- 盛時 : 나이가 젊고 혈기가 왕성한 때.

수도
- 首都 : 한 나라의 중앙 정부가 있는 도시.
- 水道 : 상수도와 하수도를 두루 이르는 말.
- 修道 : 도를 닦음.

수상
- 受賞 : 상을 받음.
- 首相 : 내각의 우두머리. 국무총리.
- 殊常 : 언행이나 차림새 따위가 보통과 달리 이상함.
- 隨想 : 사물을 대할 때의 느낌이나 그때그때 떠오르는 생각.
- 受像 : 텔레비전이나 전송 사진 등에서, 영상(映像)을 전파로 받아 상(像)을 비침.

수석
- 首席 : 맨 윗자리. 석차 따위의 제1위.
- 壽石 : 생긴 모양이나 빛깔, 무늬 등이 묘하고 아름다운 천연석.
- 樹石 : 나무와 돌.
- 水石 : 물과 돌. 물과 돌로 이루어진 자연의 경치.

수신
- 受信 : 통신을 받음.
- 水神 : 물을 다스리는 신.
- 修身 : 마음과 행실을 바르게 하도록 심신(心身)을 닦음.
- 守身 : 자기의 본분을 지켜 불의(不義)에 빠지지 않도록 함.

수집
- 收集 : 여러 가지 것을 거두어 모음.
- 蒐集 : 여러 가지 자료를 찾아 모음.

시기
- 時機 : 어떤 일을 하는 데 알맞은 때.
- 時期 : 정해진 때. 기간.
- 猜忌 : 샘하여 미워함.

시상
- 詩想 : 시를 짓기 위한 시인의 착상이나 구상.
- 施賞 : 상장이나 상품 또는 상금을 줌.

시세 { 時勢 : 시국의 형편.
市勢 : 시장에서 수요와 공급의 원활한 정도.

시인 { 詩人 : 시를 짓는 사람.
是認 : 옳다고, 또는 그러하다고 인정함.

실사 { 實事 : 실제로 있는 일.
實査 : 실제로 검사하거나 조사함.
實寫 : 실물(實物)이나 실경(實景), 실황(實況) 등을 그리거나 찍음.

실수 { 實數 : 유리수와 무리수를 통틀어 이르는 말.
失手 : 부주의로 잘못을 저지름.
實收 : 실제 수입이나 수확.

역설 { 力說 : 힘주어 말함.
逆說 : 진리와는 반대되는 말을 하는 것처럼 들리나, 잘 생각해 보면 일종의 진리를 나타낸 표현. (사랑의 매, 작은 거인 등)

우수 { 優秀 : 여럿 가운데 특별히 뛰어남.
憂愁 : 근심과 걱정.

원수 { 元首 : 한 나라의 최고 통치권을 가진 사람.
怨讐 : 원한이 맺힌 사람.
元帥 : 군인의 가장 높은 계급, 또는 그 명예 칭호.

유전 { 遺傳 : 끼쳐 내려옴. 양친의 형질(形質)이 자식에게 전해지는 현상.
流轉 : 이리저리 떠돌아다님.
油田 : 석유가 나는 곳.
流傳 : 세상에 널리 퍼짐.

유학 { 儒學 : 유교의 학문.
留學 : 외국에 가서 공부함.
遊學 : 타향에 가서 공부함.
幼學 : 지난 날, 벼슬하지 않은 유생을 이르는 말.

이상
- 異狀 : 평소와 다른 상태.
- 異常 : 보통과는 다른 상태. 어떤 현상이 이미 가지고 있는 경험이나 지식으로는 헤아릴 수 없을 만큼 별남.
- 異象 : 특수한 현상.
- 理想 : 각자의 지식이나 경험 범위에서 최고라고 생각되는 상태.

이성
- 理性 : 사물의 이치를 논리적으로 생각하고 판단하는 마음의 작용.
- 異姓 : 다른 성, 타 성.
- 異性 : 남성 쪽에서 본 여성, 또는 여성 쪽에서 본 남성.

이해
- 理解 : 사리를 분별하여 앎.
- 利害 : 이익과 손해.

인도
- 引導 : 가르쳐 이끎. 길을 안내함. 미혹한 중생(衆生)을 이끌어 오도(悟道)에 들게 함.
- 人道 : 차도 따위와 구별되어 있는 사람이 다니는 길. 사람으로서 지켜야 할 도리.
- 引渡 : 물건이나 권리 따위를 건네어 줌.

인상
- 印象 : 마음에 남는 자취. 접촉한 사물 현상이 기억에 새겨지는 자취나 영향.
- 引上 : 값을 올림.

인정
- 人情 : 사람이 본디 지니고 있는 온갖 심정.
- 仁政 : 어진 정치.
- 認定 : 옳다고 믿고 인정함.

장관
- 壯觀 : 훌륭한 광경.
- 長官 : 나라 일을 맡아보는 행정 각부의 책임자.

재고
- 再考 : 다시 한 번 생각함.
- 在庫 : 창고에 있음. '재고품'의 준말.

전경
- 全景 : 전체의 경치.
- 戰警 : '전투 경찰대'의 준말.
- 前景 : 눈 앞에 펼쳐져 보이는 경치.

전시
- 展示 : 물품 따위를 늘어 놓고 일반에게 보임.
- 戰時 : 전쟁을 하고 있는 때.

정당
- 政黨 : 정치적인 단체.
- 政堂 : 옛날의 지방 관아.
- 正當 : 바르고 옳음.

정리
- 定理 : 이미 진리라고 증명된 일반된 명제.
- 整理 : 흐트러진 것을 바로 잡음.
- 情理 : 인정과 도리.
- 正理 : 올바른 도리.

정원
- 定員 : 일정한 규정에 따라 정해진 인원.
- 庭園 : 집 안의 뜰.
- 正員 : 정당한 자격을 가진 사람.

정전
- 停電 : 송전(送電)이 한때 끊어짐.
- 停戰 : 전투 행위를 그침.

조리
- 條理 : 앞 뒤가 들어맞고 체계가 서는 갈피.
- 調理 : 음식을 만듦.

조선
- 造船 : 배를 건조함.
- 朝鮮 : 상고 때부터 써내려오던 우리 나라 이름. 이성계가 건국한 나라.

조화
- 調和 : 대립이나 어긋남이 없이 서로 잘 어울림.
- 造化 : 천지 자연의 이치.
- 造花 : 인공으로 종이나 헝겊 따위로 만든 꽃.
- 弔花 : 조상(弔喪)하는 뜻으로 바치는 꽃.

주관
- 主管 : 어떤 일을 책임지고 맡아 관할, 관리함.
- 主觀 : 외계 및 그 밖의 객체를 의식하는 자아. 자기 대로의 생각.

지급
- 至急 : 매우 급함.
- 支給 : 돈이나 물품 따위를 내어 줌.

지도
- 指導 : 가르치어 이끌어 줌.
- 地圖 : 지구를 나타낸 그림.

지성 { 知性 : 인간의 지적 능력.
       至誠 : 정성이 지극함.

지원 { 志願 : 뜻하여 몹시 바람. 그런 염원이나 소원.
       支援 : 지지해 도움. 원조함.

직선 { 直選 : '직접 선거'의 준말.
       直線 : 곧은 줄.

초대 { 招待 : 남을 불러 대접함.
       初代 : 어떤 계통의 첫 번째 차례 또 그 사람의 시대.

최고 { 最古 : 가장 오래됨.
       最高 : 가장 높음. 또는 제일 임.
       催告 : 재촉하는 뜻으로 내는 통지.

축전 { 祝電 : 축하 전보.
       祝典 : 축하하는 식전.

통화 { 通貨 : 한 나라에서 통용되는 화폐.
       通話 : 말을 주고 받음.

표지 { 表紙 : 책의 겉장.
       標紙 : 증거의 표로 글을 적는 종이.

학원 { 學園 : 학교와 기타 교육 기관을 통틀어 이르는 말.
       學院 : 학교가 아닌 사립 교육 기관.

화단 { 花壇 : 화초를 심는 곳.
       畵壇 : 화가들의 사회.

漢字의 특성

1. 한자는 뜻글자이다

한자는 표의문자(表意文字)다. 표의문자란 나타내고자 하는 뜻을 그림이나 부호 등을 이용하여 구체화시킨 글자를 말한다. 따라서 한자는 대체로 하나의 글자가 하나의 뜻을 가진 낱말로 쓰인다. 예를 들면 '日'은 '태양'이란 뜻을 나타내기 위해서 해의 모양을 그린 것이다. 또 '木'은 '나무'라는 뜻을 나타내기 위해서 줄기와 가지와 뿌리의 모양을 그렸다.

⊖ → 日   ⋇ → 木

2. 한자는 고립어이다

한자는 형태적으로 고립어에 속한다. 고립어란 하나의 낱말이 단지 뜻만을 나타내며, 문장 속에 쓰였을 때는 낱말의 형태에는 변화가 없이 단지 그 자리의 차례로써 문법적 기능을 가지는 언어를 말한다. 따라서 우리말처럼 명사에 조사가 붙어 문법적인 관계를 나타내는 곡용(曲用)과 동사나 형용사의 어미가 여러 꼴로 바뀌는 활용(活用)의 문법적 현상이 없다.

명사의 변화	주 격	소유격	목적격
우리말	나(는) 내(가)	나(의)	나(를)
영 어	I	My	Me
한 자	我	我	我

동사의 변화	기본형	현 재	과 거
우리말	가다	간다	갔다
영 어	Go	Go	Went
한 자	去	去	去

3. 한자의 세 가지 요소

한자는 각각의 글자가 모양[形]과 소리[音]와 뜻[義]의 세 요소를 갖추고 있다. 그런데 이 形·音·義는 여러 가지 모양을 나타내기도 하며, 두 가지 이상의 소리로 읽히기도 하며, 여러 가지의 뜻을 나타내기도 한다. 즉 예를 들면

形: 魚 ▶ 🐟(갑골문자)→ 🐟(금문)→ 🐟(석고문)→ 🐟(전문)→ 魚(예서)

音: 樂 { (악)풍류 → 音樂(음악)
       (락)즐겁다 → 娛樂(오락)
       (요)즐기다 → 樂山樂水(요산요수)

義: 行 { 가다, 다니다 → 步行(보행)
       흐르다 → 流行(유행)
       행하다 → 逆行(역행)
       가게 → 銀行(은행)

漢字의 구성 원리

한자는 표의문자이기 때문에 각각의 글자가 모두 그러한 뜻을 나타내게 된 방법과 과정이 있게 마련인데, 이 방법과 과정을 하나로 묶어 육서(六書)라고 하며, 이는 구체적으로 상형(象形), 지사(指事), 회의(會意), 형성(形聲), 전주(轉注), 가차(假借)로 구분된다.

육서 { 상형(象形) · 지사(指事) · 회의(會意) · 형성(形聲) ────── 구성법
       전주(轉注) · 가차(假借) ─────────────────────────── 사용법

1. 상형과 지사

글자를 직접 만들어 내는 방법이다. 형태를 갖고 있는 사물의 모양을 본떠 그려서 만드는 것을 상형(象形), 형태가 없이 추상적 개념을 나타내기 위한 것을 지사(指事)라 한다.

⊙ **상형(象形)** : 사물의 모양을 있는 그대로 본떠서 한자를 만드는 방법이다. 즉 '月'은 달의 이지러진 모양과 달 속의 검은 그림자를 그려서 나타낸 것이고, '山'은 뾰쪽뾰쪽 솟은 산봉우리의 모양을 본뜬 것인데, 차츰 쓰기 쉽고 보기 좋게 변하여 지금과 같이 쓰는 것이다.

⊙ **지사(指事)** : 숫자나 위치, 동작 등과 같이 구체적인 모양이 없는 것을 그림이나 부호 등으로 나타내어 만드는 방법이다. 예를 들어 위나 아래 같은 것은 본래 구체적인 모양은 없지만 기준이 되는 선을 긋고 그 위나 아래에 있음을 나타내는 것으로 표시할 수 있다.

※ 또 지사는 상형문자에 부호를 덧붙여 만들기도 한다. 즉 '木'에 획을 하나 그어 '本'이나 '末' 등을 만들거나, '大'에 획을 더해 '天' 또는 '太'를 만드는 것이다.

2. 회의와 형성

상형과 지사의 방법에 의해 만들어진 글자들을 결합하여 만드는 방법이다. 두 개 이상의 글자가 가진 뜻을 합쳐서 만드는 것을 회의(會意)라고 하고, 뜻을 나타내는 글자와 음을 나타내는 글자를 모아 만드는 것을 형성(形聲)이라고 한다.

⊙ **회의(會意)** : 이미 만들어진 글자들에서 뜻과 뜻을 합쳐서 새로운 뜻을 가진 글자를 만드는 방법이다. '田'과 '力'이 합쳐져 밭에서 힘을 쓰는 사람이 바로 남자란 뜻으로 '男'자를 만들거나, '人'과 '言'을 합쳐 사람의 말은 믿음이 있어야 한다는 뜻으로 '信'자를 만드는 것 등이 그 예가 된다.

力 + 口 → 加   門 + 日 → 間   手 + 斤 → 折   人 + 木 → 休

⊙ **형성(形聲)** : 새로운 뜻의 글자를 만들기 위해서 이미 만들어진 글자를 이용하는 방법이다. 회의는 뜻과 뜻을 합하여 새로운 글자를 만드는 것인데 비해 형성은 한 글자에서는 소리만을 빌려 오고 다른 한 글자에서는 모양을 빌려 와 새로운 뜻을 가진 글자를 만드는 것이다. 즉 마을이란 뜻의 '村'은 '木'에서 그 뜻을 찾아내고 '寸'에서 음을 따와 만들고, 밝다는 뜻의 '爛'은 '火'에서 뜻을 따오고 '蘭'에서 음을 따와 만드는 식이다. 한자에는 이 형성으로 만든 글자가 전체의 80%에 이른다.

雨 + 相 → 霜   木 + 同 → 桐   手 + 妾 → 接   心 + 每 → 悔

3. 전주와 가차

새로운 글자를 만들어내는 것이 아니라 이미 만들어진 글자에서 새로운 뜻을 찾아내는 것을 말한다. 즉 한 글자를 딴 뜻으로 돌려쓰는 것이나 같은 뜻을 가진 글자끼리 서로 섞어서 쓰는 것을 전주(轉注)라고 하고, 이미 만들어진 글자에 원래 뜻과는 전혀 다른 뜻으로 사용하는 것을 가차(假借)라고 한다.

⊙ **전주(轉注)** : 하나의 글자를 비슷한 의미에까지 확장해서 사용하거나 같은 뜻을 가진 비슷한 글자끼리 서로 구별 없이 사용하는 것을 말한다.

① 동일한 글자를 파생적인 용법으로 사용하는 방법이다. 즉 어느 문자를 그것이 나타낸 말과 뜻이 같거나 또는 의미상 관계가 있는 다른 말을 나타내는 데 사용하는 경우이다. 예를 들면 '樂'의 원래 뜻은 '음악'이었으나 음악은 사람의 마음을 즐겁게 해주는 것이므로 '즐겁다'는 뜻으로도 쓰이고 음도 '락'으로 바뀌었다. 또 음악은 사람이 좋아하는 것이므로 '좋아하다'는 뜻으로 쓰여 음도 '요'로 바뀌어 쓰인다.

樂 ┌ (악)풍류 → 音樂(음악)
   ├ (락)즐겁다 → 娛樂(오락)
   └ (요)즐기다 → 樂山樂水(요산요수)

② 모양은 다르고 뜻이 같은 두 개 이상의 글자가 아무런 구별 없이 서로 섞이어 사용되는 방법이다. 이 경우 두 글자 사이에는 서로 발음이 같거나 비슷해야 한다는 조건이 따른다. 가령 '不과 否'는 모두 '아니다'라는 뜻을 가지고 발음도 비슷하므로 서로 전주될 수 있는 글자이다.

⊙ **가차(假借)** : 이미 만들어진 한자에서 모양이나 소리나 뜻을 빌려 새로 찾아낸 뜻을 대신 사용하는 방법으로, 주로 외래어를 표현하기 위한 수단으로 쓰인다.

① 모양을 빌린 경우 : '弗'이 원래는 '아니다'는 뜻으로, 원래는 돈과는 관계없는 글자였으나 미국의 돈 단위인 달러를 표현하기 위해 '$'과 비슷한 모양을 가진 이 글자를 달러를 나타내는 글자로 사용한 것으로, 이때 발음은 원래 발음인 '불'을 그대로 쓰고 있다.

② 소리를 빌린 경우 : '佛'은 원래 부처와는 아무 상관이 없이 '어그러지다'란 뜻을 가진 글자였으나 부처란 뜻의 인도말 '붓다(Buddha)'를 한자로 옮기기 위해서 소리가 비슷한 이 글자를 빌려다가 '부처'란 뜻을 나타낸 것이다.

③ 뜻을 빌린 경우 : '西'는 원래 새가 둥지에 깃들인 모양을 나타내는 것으로, '깃들이다'는 뜻을 가진 글자였다. 그러나 새가 둥지에 깃들일 때는 해가 서쪽으로 넘어갈 때이기 때문에 '서쪽'이란 의미로 확대해서 사용하게 되었다.

그밖에도 가차의 예를 들어보면 다음과 같은 것들이 있다.

　　　　　可口可樂(커커우커러) → 코카콜라
　　　　　百事可樂(빠이스커러) → 펩시콜라　▶음을 빌린 경우

　　　　　電梯(전기사다리) → 엘리베이터
　　　　　全錄(모두 기록함) → 제록스　　　▶뜻을 빌린 경우

漢字의 부수

5만자가 넘는 한자를 자획을 중심으로 그 구조를 살펴보면 모두 214개의 공통된 부분이 나타나는데, 이 214개의 공통된 부분을 부수(部首)라고 한다. 즉 그 글자의 모양을 놓고 볼 때 비슷한 요소를 가지고 있는 것끼리 분류할 경우 그 부(部)의 대표가 되는 글자이다. 자전(字典)은 모든 한자를 이 부수로 나누어 매 글자의 음과 뜻을 밝혀 놓는 방식을 사용하고 있다.

예를 들면 '정(丁)', '축(丑)', '세(世)', '구(丘)', 등은 '일(一)'부에 속하고 '필(必)', '사(思)', '쾌(快)', '치(恥)' 등은 '심(心)' 부에 속한다.

부수는 다시 위치에 따라 다음과 같이 구별하여 부른다.

명 칭	위　　치	모 양	보　기
변	부수가 글자의 왼쪽에 있는 것	▯	亻(사람인 변) : 仙
방	부수가 글자의 오른쪽에 있는 것	▯	阝(고을읍 방) : 部
머리	부수가 글자의 위쪽에 있는 것	▯	宀(갓머리) : 宗
다리	부수가 글자의 아래쪽에 있는 것	▯	儿(어진사람인 발) : 兄
몸	부수가 글자의 바깥쪽에 있는 것	▯	囗(큰입구) : 國
받침	부수가 글자의 왼쪽으로부터 아래쪽으로 걸쳐 있는 것	▯	辶(책받침) : 進
안	부수가 글자의 위쪽으로부터 왼쪽으로 걸쳐 있는 것	▯	广(엄호 밑, 안) : 度

*부수의 정리 방법과 배열, 명칭 등은 예로부터 일정하지 않다. 후한의 허신(許愼)이 편찬한 〈설문해자(說文解字)〉는 '일(一)', '이(二)', '시(示)'에서 '유(酉), 술(戌), 해(亥)'까지 540부로 나누고, 양(梁)나라의 고야왕(顧野王)이 펴낸 〈옥편(玉篇)〉은 〈설문해자〉의 14부를 더해 542부로 하였다. 부수의 배열은 중국의 옥편을 따르는 의부분류 중심의 것이 많으나 근대에는 주로 획수순(劃數順)에 따라 배열한다. 현행 한한사전(漢韓辭典)은 대부분 '일(一)'에서 '약(龠)'까지 214개의 부수를 획수순으로 배열하고, 부수 내의 한자도 획수에 따라 배열한 〈강희자전(康熙字典)〉을 따르고 있다.

▶자전 찾는 법

모르는 한자를 자전에서 찾는 데는 다음과 같은 세 가지 방법이 있다.

⊙ **부수 색인 이용법** : 찾고자 하는 한자의 부수를 가려내어 부수 색인에서 해당하는 부수가 실린 쪽수를 찾은 다음, 부수를 뺀 나머지 획수를 세어 찾아본다.

⊙ **총획 색인 이용법** : 찾고자 하는 한자의 음이나 부수를 모를 때는 획수를 세어 획수별로 구분해 놓은 총획 색인에서 그 글자를 찾은 다음 거기에 나와 있는 쪽수를 찾아간다.

⊙ **자음 색인 이용법** : 찾고자 하는 글자의 음을 알고 있을 때, 자음 색인에서 그 글자의 쪽수를 확인 하여 찾는 방법이다.

※ 획(劃)이란 붓을 한번 대었다가 뗄 때까지 쓰인 점과 선을 말하는데, 이를 자획이라고 한다. 예를 들면, 日은 'ㅣ ㄇ 日 日'과 같이 붓을 네 번 떼게 된다. 따라서 이 글자의 획은 모두 4개이다.

漢字의 結構法 (글자 꾸밈)

▶ 한자의 꾸밈은 대체적으로 다음 여덟 가지로 나눈다.

扁변	旁방	冠관 杳답	垂수	構구	繞요	單獨단독

扁	작은 扁을 위로 붙여 쓴다.		堤	端	唯	時	絹
	다음과 같은 변은 길게 쓰고, 오른쪽을 가지런히 하며, 몸(旁)에 비해 약간 작게 양보하여 쓴다.		係 防 般	陳 婦	科 賦	精	號 諸
旁	몸(旁)은 변에 닿지 않도록 한다.		飮	服	視	務	敎
冠	위를 길게 해야 될 머리.		苗	等	옆으로 넓게 해야 될 머리. 富		雲
杳	받침 구실을 하는 글자는 옆으로 넓혀 안정되도록 쓴다.		魚	忠	愛	益	醫
垂	윗몸을 왼편으로 삐치는 글자는 아랫부분을 조금 오른쪽으로 내어 쓴다.		原	府	庭	虎	屋
構	바깥과 안으로 된 글자는 바깥의 품을 넉넉하게 하고, 안에 들어가는 부분의 공간을 알맞게 분할하여 주위에 닿지 않도록 쓴다.		圓 向	國 門	園 問	圖 間	團 聞
繞	走는 먼저 쓰고	起	辶 廴 는 나중에 쓰며, 대략 네모가 되도록 쓴다.				進

급수한자 따라잡기 8-4급

초판 1쇄 인쇄 · 2007년 08월 05일 | 초판 1쇄 · 발행 2007년 08월 10일
지은이 · 편집부 | 펴낸이 · 성무림 | 펴낸곳 · 도서출판 매일
주소 · 서울 종로구 숭인동 1421-2 동원빌딩 201호 | 전화 · (02) 2232-4008 | 팩스 · (02) 2232-4009
출판등록 · 2001년 8월 16일 (제6 - 0567호)

ISBN · 978-89-90134-46-2　03640

*잘못된 책은 구입처에서 교환해드립니다. *책 값은 뒤표지에 있습니다.